U0871972

主编介绍

上海城方租赁住房运营管理有限公司（以下简称“公司”）是上海地产集团租赁业务专业化、市场化运作的运营服务公司。

公司紧紧围绕上海地产集团发展战略及其功能类企业职能定位，致力于成为市政府认可的功能型品牌和地产集团的重要业务板块，打造具有标杆性市场化运营机制的混合所有制上市主体。

公司立足打造“城方”租赁住房运营服务品牌，以“都市梦生活”为品牌核心理念，以“让更多人安居都市、宜居生活”为愿景，为留在城市的各类人才提供更好的生活和发展服务，努力形成市场稳定器、人才孵化器、资产优化器、生活加速器、文化培育器。公司以规模化的业务增长布局、多元化的专业服务方式，数字化的运营管理手段，助力新型的租住体系构建，服务于“上海 2035”，为上海建设卓越全球城市作出应有的贡献。

编 者 按

从“十三五”到“十四五”，从国家到地方，对于加快培育和发展住房租赁市场的重视达到了前所未有的高度。住房问题关系民生福祉，关系到人民群众的获得感、幸福感、安全感，努力实现“住有所居”“住有宜居”，是住房租赁行业发展的重要目标。在政策的推进及支持下，通过存量物业改造转化及 Rr4 租赁用地推出建设等方式，有效增加租赁住房供给，不难预测，未来有品质、有社区的租赁住房将是缓解大中城市住房问题的重要载体之一。2021 年起，以集中式居住为特征的大型租赁式社区项目已陆续面世，这一新品类、新业态无疑给市场带来深远影响，给生活形态带来变革。

“十四五”期间，租赁住房是住房发展的重要方面，租赁行业全产业链承担着更重要的责任与使命，是城市生活形态变革的推动者。产业链中各方应发挥各自的优势，提供安居宜居的生活方式，共同助力提升城市发展能级，推动中国经济高质量发展。本辑《生活形态变革》围绕“租赁社区”，试图通过政策研究、趋势研判、产品创新、运营实践等多个维度，为行业发展出谋划策，为城市生活形态变革贡献更多智慧力量。

CONTENTS

目录

专题研究

生态实践

城方活力社区・市台路店

业界思考

生活美学

THE LEASING COMMUNITY ACCELERATING ITS LANDING,"COMMUNITY" WILL BECOME A "NEW DIRECTION" FOR THE REFORM OF THE LEASING INDUSTRY

租赁社区加速落地，
“社区化”将成租赁行业变革“新航向”

王伟、李见林、陈朦朦 / 文

随着新型城镇化进程的不断推进，以及城市租户租赁需求向多元化、品质化发展，大城市“住房供需错配”的矛盾日益突出。在政策导向和市场导向的双重推动下，大型租赁社区迎来全新的发展机遇与空间。大型租赁社区的问世，既可以一次性增加市场供应，满足更多租赁需求，助力实现城市“职住平衡”；同时也给租户提供更高品质的居住体验，使租户能享受教育、医疗等配套资源，真正落实“租购同权”。

“十四五”开局之年，住房租赁被写进国家战略规划，租赁市场将迎来前所未有的重大机遇。规模化大型租赁社区的优质、绿色、稳定和长效，对住房租赁市场的发展，以及“新时代”的住房制度改革和长效机制建设，都将提供有益的探索和实践价值。2021 年，伴随租赁用地、集体用地等建设大型租赁社区项目加速落地，未来，“社区化”产品将成为住房租赁市场的“新航向”。

一、 大型租赁社区市场具有巨大发展潜力

1. 城镇化进程加速推动大城市租赁需求规模增长

随着我国新型工业化、信息化和农业现代化的深入发展和农业转移人口市民化政策落实落地，我国新型城镇化进程稳步推进。从 1953 年第一次人口普查开始，我国城镇人口比重逐年上升，最近的三十年城镇化进程提速明显，增长近 40 个百分点。至 2020 年第七次人口普查，我国城镇化率已达 63.89%，领先于 55.30% 的世界平均水平。

在城镇化进程的推进下，我国流动人口规模不断增加。2020 年的“七普”数据显示，我国流动人口规模已达 37582 万人，占比为全国人口的 26.6%。其中，北京、上海、广州、深圳四大一线城市的流动人口数均已破 800 万人，流动人口占比超 30%，广州、深圳的流动人口比例更是达到 50% 以上。

伴随人口流向经济发达的沿海城市和大城市，大城市居住矛盾日益突出。目前我国特大型城市的住房领域存在严重的供需失衡，这种“供不应求”也直接推动了房地产交易市场房价的上涨。高企的房价与城市“新市民”的收入差距不断拉大，居民购房压力巨大。数据显示，我国四大一线城市房价收入比在 34 以上，远高于国际主流城市 10 ～ 20 的区间水平。

2021 年 8 月 31 日，国新办举行的“努力实现全体人民住有所居”新闻发布会上指出，目前在大城市有 70% 的新市民和青年人是靠租房来解决居住问题。在这样的背景下，中国住房租赁市场有着广阔的发展空间。根据测算，2020 年我国租赁人口规模近 2.8 亿人，租赁市场规模约 1.79 万亿元，至 2025 年，全国租赁市场规模将突破 3.36 万亿元。

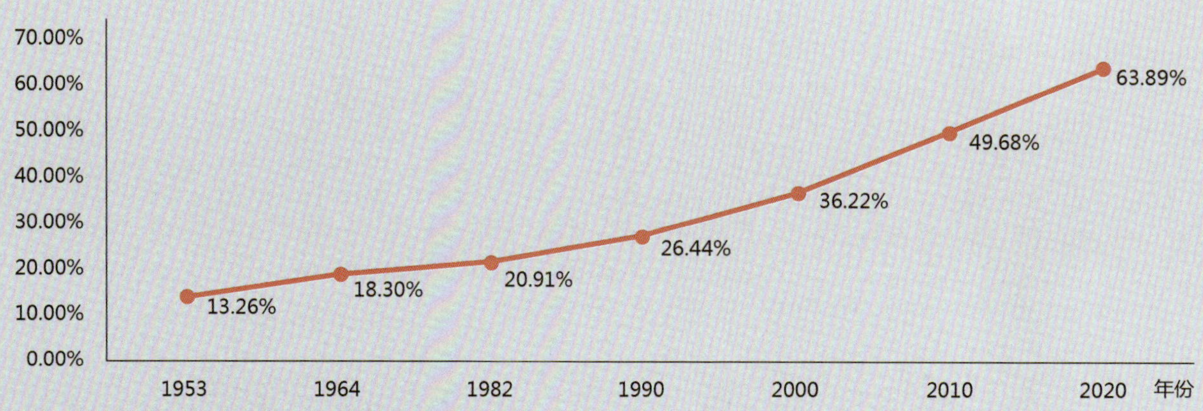

图 1 1953—2020 年中国历次人口普查城镇人口比重
数据来源：国家统计局

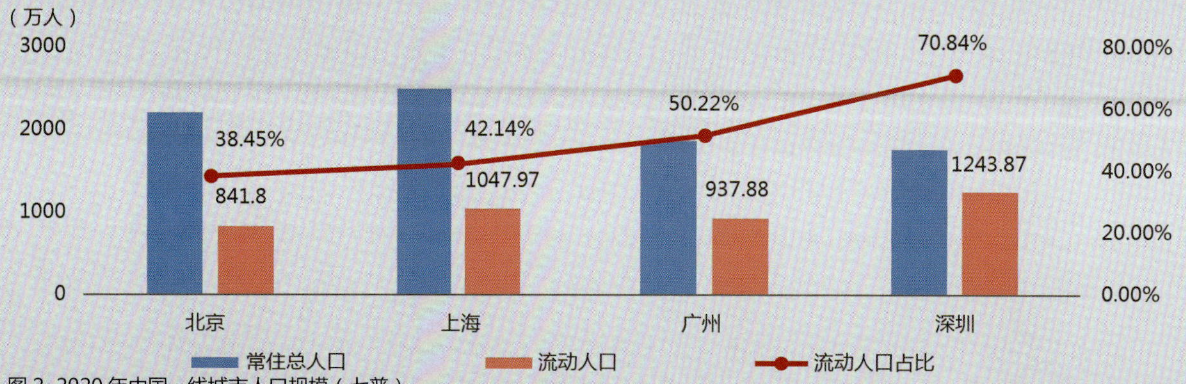

图 2 2020 年中国一线城市人口规模（七普）
数据来源：各城市七普人口统计数据

2. 居住需求提升，“被动租赁”逐步向“主动租赁”转变

自中国经济发展模式由投资驱动逐步转为重视消费驱动以来，我国国民消费水平一直保持着稳定速度增长，居民消费能力与消费观念都产生了巨大转变。调查显示，千禧一代正在推迟结婚和生育时间，家庭计划的推迟导致购房时间延后，" 长租 " 逐渐成为当今社会年轻人习惯的主流居住方式，超 6 成租户已租房 3 年以上，目前中国一、二线城市的新一代租户群体以 30 岁以下的“90 后”群体为主，占比超 50%。“90 后”对居住空间的舒适度以及服务品质会提出更多新的要求。《2020 中国青年租住生活蓝皮书》指出，当前有超过 56% 的青年租户表示更愿意选择房源品质好、服务好、配置齐全的 " 长租机构的房子 "。

值得注意的是，近年来，租赁人群年龄分化越发明显，从 2017 年与 2020 年租住人群年龄构成变化可以看出，30—39 岁的城市租户占比由 16% 上升至 38%，20 岁以下的租户也由 3% 上涨至 5%，这意味着，我国租房人群不再

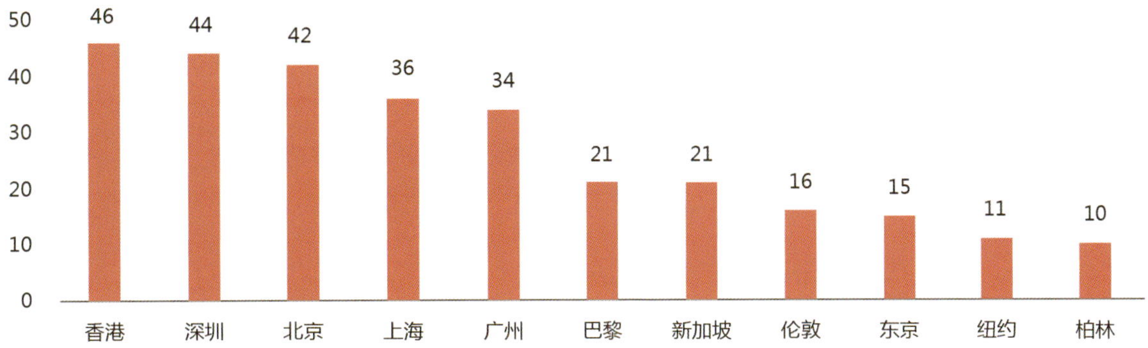

图 3　2020 年全球主要城市房价收入比
数据来源：NUMBEO 网站，易居研究院

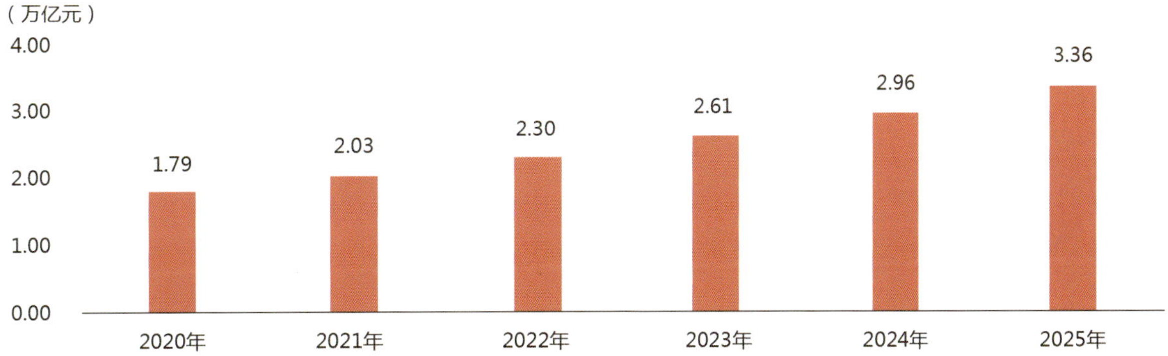

图 4　我国租赁市场规模预测
数据来源：克而瑞租售

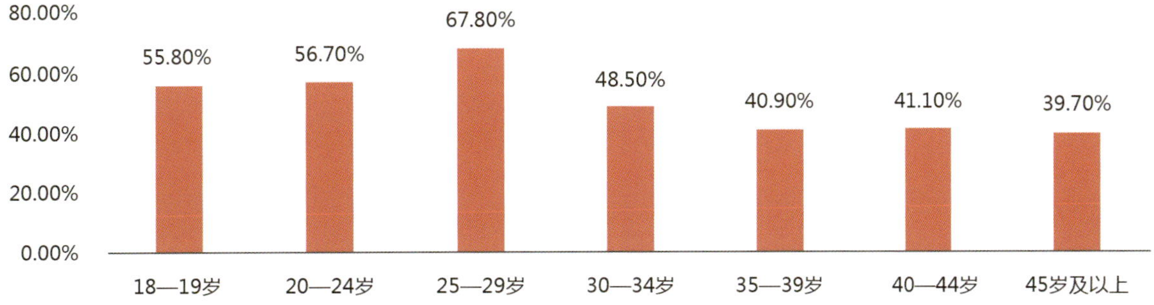

图 5　2020 年我国租赁人群各年龄层愿意租房结婚占比
数据来源：公开资料，克而瑞租售整理

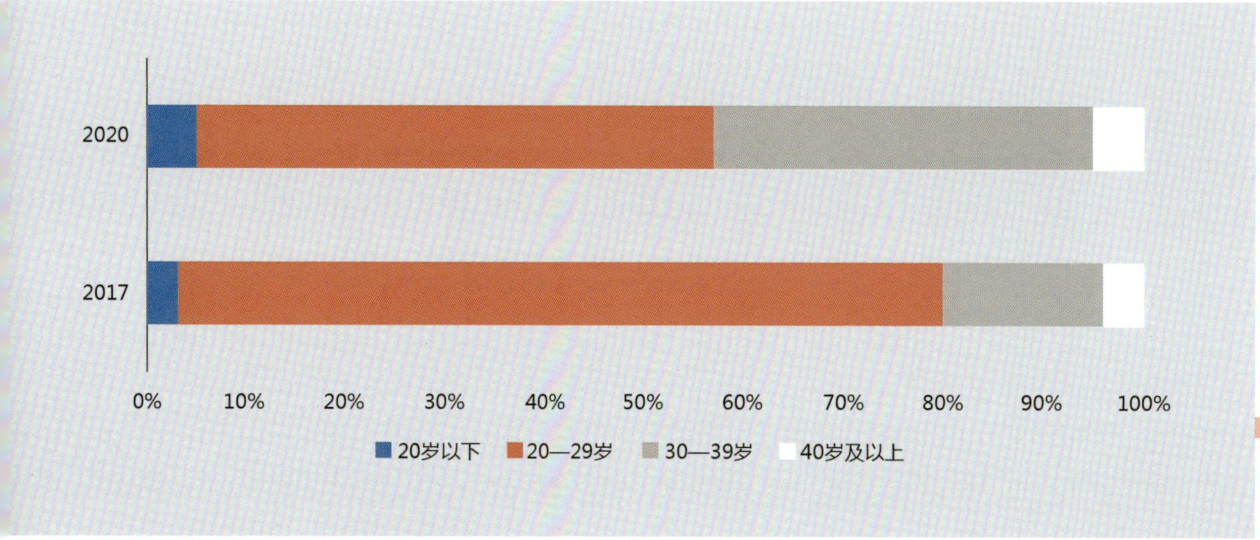

图 6 2017—2020 年中国租户年龄结构变化
数据来源：公开资料，克而瑞租售整理

是单一群体，正在向全年龄段多元化发展。随着年龄的增长与社会、家庭角色的改变，租房者对于“租住”的理解和需求也会发生变化，租住需求也会更加多元、精细。

除此之外，如今不单单是刚需人群需要租房，有房的人群也租房。克而瑞租售调研数据显示，在我国核心八城中，有房但仍租房的群体占本地租房客群的 54.5%，占比较无房租房客群更大，其中，17.8% 的本地有房客群因工作便利、性价比高等因素选择租房。可见，“主动租赁”正在逐步成为新时代更多人的选择。

3. 供应结构转变，大型租赁社区是市场所趋

2021 年 3 月，李克强总理在“两会”政府工作报告中明确指出，要“尽最大努力帮助新市民、青年人等缓解住房困难”，通过增加土地供应、集中建设等办法，有效增加租赁供给、推动供应结构有序发展。随着多城市租赁用地、集体用地供给的不断增加，以及城市更新进程的不断推进，大型租赁社区将成为城市建设的重要一环。

以上海为例，租赁用地建设租赁住房将成为上海市“十四五”期间租赁供应的最主要组成部分。根据《上海市住房发展“十四五”规划》，“十四五”期间，将形成供应租赁住房超过 42 万套（间、宿舍床位），其中，租赁房 22 万套（间），宿舍床位 20 万张。自 2017 年 7 月首块租赁用地成交以来，截至 2021 年第三季度，四年间共成交租赁用地 140 幅，成交总建筑面积 884.38 万 m^2，可向市场投入超 14.74 万间高品质租赁住房。

从单项目体量层面来看，租赁用地供应则呈现出明显的“大社区”趋势。按照套均面积 $60m^2$ 的规划，超过 1000 间规模体量的项目占比 42%，其中，1000 ~ 2000 间的大型社区占比 31%，超过 2000 间规模的超大型租赁社区占比 11%。未来，伴随租赁住宅用地项目的建成入市，中、

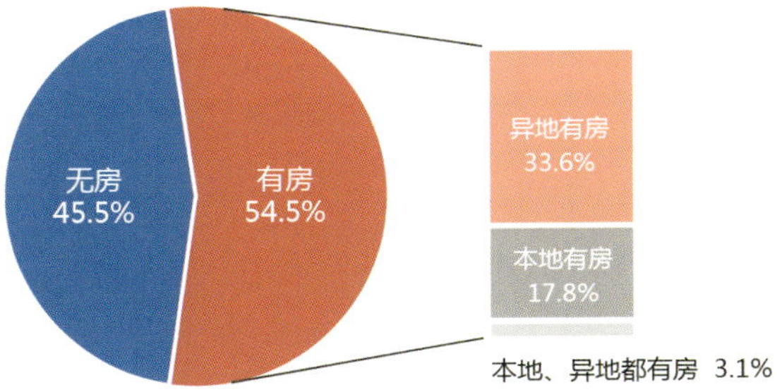

图 7 2020 年核心八城有房和无房租赁人群占比
数据来源：克而瑞租售

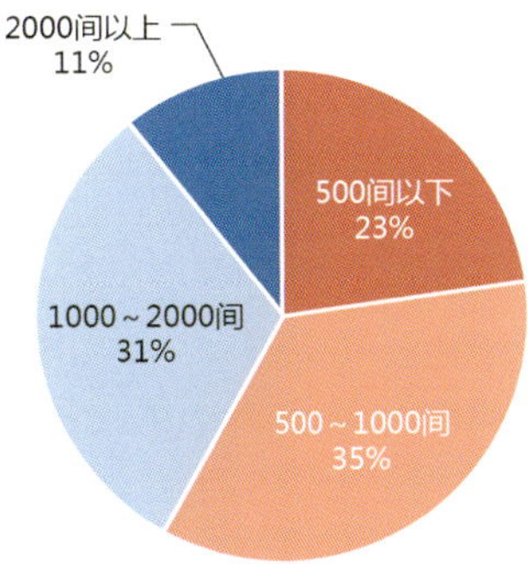

图 8 上海市租赁用地项目规模占比
数据来源：CRIC2020，克而瑞租售

大型租赁社区形态产品将成为租赁市场的主流。

除了租赁用地以外，近年来我国利用集体用地建设租赁住房进程不断推进，18 个集体用地试点城市已出台利用集体建设用地建设租赁住房试点方案，部分城市明确提出建设目标。北京作为集体土地建设租赁住房试点的排头兵，推进进度与成效最为显著，目前已累计开工建设集租房 6.3 万套，建设规模居全国首位。此外，上海松江区共有 5 个项目纳入集体土地建设租赁住房项目，合计建筑面积 22.76 万 m^2，其中已有两个项目入市运营，均是体量超 500 间的中、大型租赁社区。

表 1 上海集体用地出让明细

地块名称	摘牌单位	摘牌时间	总建面积(m^2)	套数（套）	开工/开业情况
松江区泗泾镇SJSB0001单元07-09号（集体土地试点入市）地块	有巢科技投资（深圳）有限公司	2018年10月22日	40333	1264	已开业
松江区泗泾镇SJS20004单元03-11号（集体土地试点入市）地块	上海派米雷投资（集团）有限公司	2018年11月12日	26852	587	已开业
松江区车墩镇SJC10022单元23-01号（集体土地试点入市）地块	上海车兴房地产开发建设有限公司	2018年11月20日	58471	975	未开工
松江区小昆山镇SJS40002单元11-04号（集体土地试点入市）地块	上海小昆山资产经营发展有限公司	2018年11月26日	96818	1614	未开工
松江区九亭镇SJT00106单元10-07A号（集体土地试点入市）地块	上海九亭资产经营管理有限公司	2018年11月26日	5113	85	未开工

数据来源：CRIC 城市租售系统，克而瑞租售

表 2 部分已入市大型租赁社区项目概况

项目名称	所在城市	开业时间	项目属性	运营商	项目体量（间）	项目体量（间）	配套功能
润家乐璟东景生活社区	苏州	2019年1月	政企银三方合作，产业园区配套大型社区	中富旅居	1445	48m²单人间、四人间	2万m²商业、篮球场、足球场、社区卫生服务站、水果副食品超市等
城方活力社区江月路店	上海	2019年6月	存量改造，商办产品转型为租赁住房	城方	1080	33~58m²一居室	共享客厅-城方堂（集咖啡、餐吧、书社、社群空间等功能为一体），浦江生活广场等商业综合体配套
城家公寓上海松江联阳路社区	上海	2019年8月	包租运营	城家	1152	20~25m²一室、30~40m²二室，7种房型	健身区、休闲区、配套商业等
朗诗杭州瓜山未来社区	杭州	2019年10月	全国城中村改造标杆项目，迄今为止行业内最大的综合型租赁社区	朗诗寓	8500	16~65m²的平层和LOFT	学校、艺术展览馆、历史展览馆、多功能运动馆、文化公园、星光广场等
乐乎·张郭庄京盛时代社区	北京	2020年3月	轻资产管理输出	乐乎	1793	15~20m²一室、25~35m²一室一厅	影音室、会议室、读书室、瑜伽室、健身房等
城投宽庭-湾谷社区	上海	2020年5月	自持办公改造	上海城投	852	28~35m²一室（占比70%）、51~70m²一室一厅、63~91m²两室，5种房型	互动娱乐区、阅读区、羽毛球场、家庭活动室、瑜伽室等，轻食餐饮、咖啡吧、便利店、药妆店等一系列生活综合商业，共享办公、共享教室、共享展厅等功能空间
WEPARK芳草寓	上海	2020年6月	自持商办用地新建租赁住房	首创	1792	50m²一室LOFT、25~50m²一室一厅、60~70m²两室	地下一层配备1300m²超大公共空间（休闲区、桌游区、小剧场、厨房、健身房、沉浸书房、自习室等）

续表

项目名称	所在城市	开业时间	项目属性	运营商	项目体量（间）	项目体量（间）	配套功能
万科泊寓成寿寺社区	北京	2020年7月	集体用地	万科泊寓	965	20~30m² 5种户型	4000m²商业配套，500m²客户活动公区
旭辉瓴寓·浦江华侨城柚米社区	上海	2020年9月	旭辉和平安不动产联合开发，自持商办用地新建租赁住房	自如	1500	20+种户型	社区配备2000m²超大复合式休闲公区，包含健身、办公、就餐、娱乐等多种功能区，400m社区户外彩虹跑道和专属音乐书吧
中集·中央公园	上海	2021年3月	租赁用地	中集集团	1574	30~40m²一室户、58m²两室一厅、83m²两室两厅	跑道、健身房、篮球场、公共书吧
华润有巢国际公寓社区泗泾店	上海	2021年3月	集体用地	华润有巢	1264	35~40m²一室、55m²两室	健身房、篮球场、台球室、游戏区、影音厅、书吧、花园、超市、便利店、美发店、药店等
华润有巢国际公寓社区·东部经开区店	上海	2021年4月	租赁用地	华润有巢	1015	35~40m²一室、60m²两室	公共客厅、大众食堂、生鲜超市、中型药房、休闲咖啡、沿街餐饮等
派米雷LINK新界（泗泾）未来社区	上海	2021年5月	集体用地	派米雷	587	30~40m²一室户、70~80m²家庭套房	影音区、办公区、健身房等
张江纳仕国际社区（一期）	上海	2021年8月	租赁用地，旭辉瓴寓轻资产管理输出	旭辉瓴寓	1257	79m²一室或二室、98m²二室或三室、125m²三室或四室	健身会所、餐饮洗衣、体验式商业、青少年活动中心、幼托幼教、创意创业服务等设施
路劲隽寓上海汽车城店	上海	2021年8月	自持商办用地新建租赁住房	路劲	798	20~64m² 6种户型	休闲区、咖啡吧、阅读区、洗衣房等，8000m²商业

续表

项目名称	所在城市	开业时间	项目属性	运营商	项目体量（间）	项目体量（间）	配套功能
钱投·宁巢明石公寓	杭州	2021年9月	租赁用地	钱投·宁巢	1469	40m²一室、60m²两室、90m²三室	童玩中心、四点半学堂；可休闲健身的高颜值屋顶花园；涵盖集餐饮、娱乐健身、超市购物为一体的下沉式休闲广场；共享办公、共享厨房、格子储物、阅览室、会客厅等多个共享空间
有巢国际公寓社区总部基地店	北京	2021年9月	集体用地	华润有巢	2300	25m²小开间、33m²大开间	园区内设置有潮流创想空间、艺术生活空间、社区剧场空间、健身娱乐空间和优享休闲空间等
中建幸孚+公寓松江店	上海	2021年10月	租赁用地	东孚资管	2240	28m²一居室、48m²一室一厅、60m²两室两厅、80m²三室两厅	休闲区、活动区、配套商业、1200个地下停车位

数据来源：CRIC 城市租售系统，克而瑞租售

二、 大型租赁社区加速落地，租赁产品由“纯居住”向生活场景构建转变

1. 大型租赁社区陆续入市，新增供应迎新一轮爆发

自 2019 年起，大型租赁社区产品便开始陆续入市。2020 年，“租售同权”的概念在疫情的催化下更加深刻，作为集约化、生态化的优质产品，大型租赁社区开始受到政府及行业的广泛关注。2021 年，我国住房租赁行业迎来新的机遇与发展，伴随 Rr4 用地租赁产品、集体用地建设租赁产品、自持用地租赁产品的陆续建成入市，大型租赁社区新增供应迎来新一轮爆发。

2. 大型租赁社区产品优势突出，真正落实“租购同权”

不同于集中式公寓或分散式公寓，租赁社区的体量一般很大，房源数量多数在 1000 间以上，物理空间更加集中。随着新时代租赁群体价值观、消费观的改变，新时代的大型租赁社区，已经不再仅仅是物业层面的集合，而是讲究多业态融合。从功能分区上看，租赁社区不仅仅局限于解决“住”的需求，而是更加关注人群共享、生活、交流、健康以及精神需求，配套办公、商业、教育、医疗、艺术、娱乐等多业态融合的公共活动空间，构建满足大批具有相同兴趣、文化偏好和价值观的租住群体生活全链条，甚至于全生命周期需求的租住

生活共享空间，将租售同权真正体现在“社区化”当中。

(1) 大型租赁社区户型多样化

因租赁社区面向的目标租户不再是单一群体，而是有多个客群画像，大型租赁社区往往通过不同户型的产品去满足单身、情侣、家庭住房到三代同堂的不同家庭结构的租住需求。同时考虑到大体量租赁社区销售去化的难度，从运营角度来看，租赁社区也绝不能只做单一的产品去匹配单一的客群。租赁社区房源的多样性为更多不同类型、层次的租赁人群提供住所，是响应“解决大城市住房困难”的积极表现。

(2) 大型租赁社区产品品质高

基于客群定位与需求，租赁社区的产品设计与传统集中式白领公寓也有所不同。白领公寓因受限于改造物业的条件，房间空间小，采光差，居住体验通常不佳，这样的租赁方式是无法实现“长期居住”的。大型租赁社区的产品则与纯住宅小区相差不大，无论从居住尺度、采光通风还是装修品质等，都有了较大改善，舒适度大大提升，整体居住品质更为优质。

(3) 大型租赁社区产品设计灵活

针对需求的变化，大型租赁社区在产品设计方面也实现了灵活调整：如果发现户型上不能匹配或者满足租户需求，可以通过一些灵活的改造，实现户型的可拆可合。上海城方在面对类住宅户型和公寓户型两种主流的租赁住房户型时，就制定了灵活空间、可变功能、集约化部品、模数化设计、智能化科技、装配化工艺、人性化体验、艺术性场景等重要品质标准，解决了租赁住房在房型变化、缩短工期、便捷化运营管理和住户个性化需求等多方面的问题。

(4) 大型租赁社区实现多业态融合

除了房间品质的提升，大型租赁社区利用空间优势，从租赁人群在社区内的共享、交流、生活、娱乐需求出发，配备一定比例的商业、共享办公区域及酒店会所，更有项目增加健康跑道、社区剧场、网球场等公共设施，为租户打造宜居、健康生活场景。此外，多项目尝试引入教育、医疗等配套资源，全方位为社区租户提供更好的生活保障。浓厚的社区居住氛围满足了生活场景构建，更适合长期居住，实现缩小租户基本生活与美好生活需求的差距。

三、 大型租赁社区未来发展展望

1. “政企银”资源对接，携手推进大型租赁社区建设

整体来看，新增供应方式建设大型租赁社区将平稳增长，短期内整体规模提升有限。长期来看，为有效促进租赁房源供给、解决新市民住房阶段性困难、改善租赁居住品质，存量改造租赁住房发展空间巨大，一方面可助力城市更新，另一方面可有效缓解大城市土地供应压力。

在这样的背景下，政府、企业、银行等多方平台打通合作桥梁，实现信息对接、资源对接、资金对接等，解决企业资金困难、项目获取困难等问题，将存量房源整合运营，共建大型租赁社区。目前已有多个大型租赁社区通过合作建设、利用各方优势成为行业标杆项目，未来，“政企银”多方主体将持续坚持创新理念，协同发展，为增加市场租赁供给、推动住房租赁市场平稳发展贡献力量。

2. “智慧化社区”是大型租赁社区未来发展趋势

大型租赁社区的出现，不仅是租赁供应的增加，还是租赁居住体验的提升。在信息化、智能化的时代，租赁社区的建设离不开数字化应用助力建筑升级，租赁社区生活场景的搭建离不开智慧化场景体验，大社区的高效运营管理也离不开智慧化信息系统的赋能。

数字化建设层面，装配式建筑、数字化装配体系等运用将会更加广泛，新的技术、新的工艺、新的模式以及新的成果会有效提升项目开发效率，推动大型租赁社区的绿色建设。

生活场景构建层面，智慧家居、人脸识别门禁系统、AI 机器人管家等，都会增强租户的居住体验，“居住空间 + 服务 + 智慧化场景体验”将会成为大型租赁社区的标签。

运维管理层面，大社区从线下到线上、从招租到运营、从居住到配套， 是个多维度、立体化的长链条，运营环节繁杂、琐碎，公寓业务环节和各运营场景多达数百个，搭建智能化住房租赁系统将为租赁社区项目高效、安全管理保驾护航。

3. 公募 REITs 推进为大型租赁社区提供退出方式

以重资产模式投资运营的大型租赁社区，尽管产品居住品质较高，但在顶层设计的指导与租户的价格敏感性现实下，租赁社区的租金大都随行就市，无法高于周边同类竞品，后期租金提价空间也将非常有限，开发投资收益率往往偏低，且投资回收周期相对漫长，加上项目前期建设资金需求大、融资渠道窄，新建开发运营其实存在较大难度。

2021 年 7 月 2 日，国家发改委发布了《关于进一步做好基础设施领域不动产投资信托基金（REITs）试点工作的通知》明确指出，将各直辖市及人口净流入大城市的保障性租赁住房项目纳入基础设施公募 REITs 试点项目。REITs 试点的积极推进，将有效提升大型租赁社区产品的流动性，助力社区建设开发企业打通融资渠道，实现投融建管退资管闭环，享受资产增值收益。在 REITs 的助力下，住房租赁企业会有更大的积极性，投身加入建设运营“高品质”大社区租赁产品的大军，推动住房租赁市场向健康化、品质化、高效化发展。

四、 结语

大型租赁社区作为解决“大城市新市民住房问题”的有效举措，给予新市民更高品质、更生活化的居住体验，是住房租赁市场的新生产品力量，是供给侧结构性改革与新型城镇化的结合，是建立健全“租售并举、租购同权”长效机制的有效保障。2021 年，大型租赁社区强势入局，未来，将成为城市发展的新增长点。

作者简介

王伟
克而瑞租售总经理；

李见林
克而瑞租售研究总监；

陈朦朦
克而瑞租售研展经理。

上海地产租赁住房社区效果图

CONCEPT INNOVATION, IMPLEMENTATION HIGHLIGHTS AND IMPROVEMENT SUGGESTIONS OF INDEMNIFICATORY LEASING HOUSING

保障性租赁住房的理念创新、施策亮点与完善建议

陈杰 / 文

近年来中国住房保障工作的力度持续加大，框架日益明晰，内容不断丰富。2017 年党的十九大明确了在新时代要构建“多主体供给、多渠道保障、租购并举”的住房新制度，但对于新时期条件下住房保障的目标定位、如何实施，如何多主体、多渠道提供，都需要在实践中通过不断探索实现工作内容的丰富和更新。发展保障性租赁住房，是制度建构探索的新进展。

2021 年 7 月 2 日国务院办公厅公布了《关于加快发展保障性租赁住房的意见》（国办发〔2021〕22 号）（以下简称“国办发〔2021〕22 号文”），要求各地加快发展保障性租赁住房，缓解住房租赁市场结构性供给不足，促进对大城市住房突出问题的解决。这是多年来十分少见的，以国办名义为单个保障性住房品种单独发出的高规格政策文件。但由于保障性租赁住房的提法近半年来才在国家重大规划和政府权威部门的文件中频繁出现，社会各界对其目标内涵与战略意义理解得还不是很到位，对其体现的理念与思路创新也没有给予很高关注，施策中的诸多亮点也没有被充分挖掘，本文对此予以解读与剖析。

一、保障性租赁住房成为国家战略的确认过程

十九届五中全会闭幕后，由新华社在 2020 年 11 月 3 日发布的《中共中央关于制定国民经济和社会发展第十四个五年规划和二〇三五年远景目标的建议》中就已经在“推进以人为核心的新型城镇化”一节中提出了“扩大保障性租赁住房供给”。2020 年 11 月 17 日，住建部官方网站发布的王蒙徽部长《实施城市更新行动》一文中提出，扩大小户型、低租金的保障性租赁住房供给，并要成为住房保障体系的主体成分。2020 年 12 月 3 日韩正副总理在住建部召开座谈会中强调，要以保障性租赁住房为着力点，完善基础性制度和支持政策，加强住房保障体系建设。2020 年 12 月 18 日闭幕的中央经济工作会议在关于解决好大城市住房突出问题的论述中明确提出，“要高度重视保障性租赁住房建设”。2020 年 12 月 21 日举行的全国住房和城乡建设工作会议上，扩大保障性租赁住房供给被列为全国住建系统 2021 年的重要工作内容。2021 年 3 月国务院政府工作报告也专门切实增加保障性租赁住房的供给。在两会闭幕后发布的国家

“十四五”规划和 2035 年远景目标纲要文件中明确指出，“以人口流入多、房价高的城市为重点，扩大保障性租赁住房供给，着力解决困难群体和新市民住房问题”。住建部官网披露，2021 年 4 月至 5 月住建部多次召开累计有 40 多个城市政府及住建部门负责人参加的发展保障性租赁住房的专题工作座谈会，住建部倪虹副部长在会上指出，发展保障性租赁住房是党中央、国务院作出的重大决策部署。6 月 18 日的国务院常务会议确定了一系列加快保障性租赁住房发展的政策措施，不仅又一次将保障性租赁住房的战略重要性在国家层面给予确认，还从多维度注入了新的政策扶持。

国办发〔2021〕22 号文正是对这次国务院常务会议精神的落实与部署，不仅对保障性租赁住房的目标内涵、功能定位、发展方式和支持政策等多方面都作了界定，还明确提出“完善以公租房、保障性租赁住房和共有产权住房为主体的住房保障体系”，这就从国家层面正式确认了保障性租赁住房是以“三房”为主体的住房保障体系的重要组成内容。文件还特别强调，各地要把解决新市民、青年人等群体住房困难问题摆上重要议事日程，高度重视保障性租赁住房建设，充分说明了这个工作的战略意义。

二、保障性租赁住房中的理念创新

全体人民住有所居是经济社会高质量发展的前提与基础，住房保障兼具保障民生和促进发展的双重功能。大力发展保障性租赁住房，体现了中国政府对住房保障工作一直以来的高度重视。但值得注意的是，近期所提出的保障性租赁住房，与之前主要面向中低收入家庭提供的“保障性住房”有所不同，反映了新的政策动向，更体现了一些在住房保障体系顶层设计中新的理念与思路创新。

传统的保障性住房，虽然也有很大一部分是配租型，如廉租房、公租房，但都是主要面向城市中本地中低收入人群的困难家庭，即所谓“双困”家庭的托底保障，是狭义上的住房保障。廉租房自不必说，一直明确定性是托底性质的保障房。即使“十二五”之后才推广普及、覆盖人群范围相对广一些的公租房，也是以面向中低收入人群为主。如 2010 年 6 月住建部等七部委联合发布的《关于加快发展公共租赁住房的指导意见》（建保〔2010〕87 号）、2019 年 5 月住建部等三部委《关于进一步规范发展公租房的意见》（建保〔2019〕55 号），都明确指出，发展公共租赁住房重点是解决城镇中等偏下及以下收入住房困难家庭的住房问题，仍然是一种“补位”式兜底式保障。

但近期所强调的保障性租赁住房，则可以清晰看出，面向人群和政策目标都有所不同。如 2021 年 6 月 18 日的国务院常务会议指出，加快发展保障性租赁住房，目标是“为保障城镇化进程中进城务工人员、新就业大学生等新市民、青年人基本住房需求”。国办发〔2021〕22 号文指出，“保障性租赁住房主要解决符合条件的新市民、青年人等群体的住房困难问题”。这意味着，当前的保障性租赁住房，侧重点更多放在了新市民和青年人这个群体，是更广意义上的住房保障，而且明确与推动城镇化进程相联系，所以是一种发展型保障。

近期不少学者在研究中国的减贫政策时已经提出，中国政府对贫困的治理模式是一种发展型扶贫，强调对被救助者的“可行能力”的扩展，这是对西方“政治功利化”福利政策理念的超越。换句话说，中国减贫之所以成功，在于一直强调，不仅要“输血”，更要“造血”。同样可以认为，保障性租赁住房较之传统保障性住房在面向人群和功能目标上的变化，体现了中国政府在住房保障领域已超越托底思维，而越来越看重与促进人的全面发展的结合。

当然，这个转变，也体现了对历史的延续和传承。2007 年以来国家对住房保障体系的大力建设，使得我国保障性住房存量快速增加、住房保障覆盖人群日益扩大。据权威部门资料，2008—2020 年，全国各类棚户区住房开工累计 5000 多万套，上亿居民“出棚进楼”。此外，截至 2020 年年底，全国累计 2200 多万名困难群众领取了租赁补贴。可以说，大多数城市的本地收入与住房双困家庭的住房条件已经得到了根本性改善。同时，住房保障的方式和渠道日趋多元，住房保障的法规体系逐步完善，对住房保障的认识也日益深刻。如同扶贫攻坚基本完成和决胜全面小康取得了决定性成就之后，经济社会发展还要朝着深层次和更高质量开启新征程，五大新发展理念和新发展环境下的国际国内双循环战略，也都对住房保障工作提出了更多的要求。这些都使我国相关政策超越托底式住房保障，走向发展式住房保障。

三、保障性租赁住房理念创新的必要性

新型城镇化的灵魂是以人为本，人民城市的理念近年来也越来越深入人心，而所谓以人为本和人民城市，说到底都是要促进人的全面发展，提高每个人的“自由度”和“行动空间”，而这就要从保障每个人的发展权利、增进其发展能力做起。住房保障在落实发展权利、促进发展能力方面有着重要和不可替代的作用。因此，在新的历史条件下，新型城镇化视野和人民城市理念下的住房保障，必然要更加强调与人的发展紧密结合。

但住房保障要转向以保障人的发展能力为导向，就首先要明确住房问题的本质并不是单纯解决物理空间上的居住问题，而更多是解决社会空间上的嵌入问题，重点是如何让受助者便捷且可负担地享受到公共服务公共资源及就业机会的邻近性。人的发展机会来自其社会网络，只有平等享有公共服务资源和同等邻近就业机会，才有平等的发展机会。但因为教育医疗等关键性公共服务天然具有空间非均衡性，就业机会也常常在特定空间聚集，公共服务和就业机会的邻近性会通过市场竞争而物化到高昂的房价和租金中。但市场竞争不考虑起点的公平性，因为起点上的不公平，这些群体在个人成长过程中面临的发展机会、面临的发展结果也是不公平的。

良好适宜的住房与社区环境对个体发展机会的正面影

响，不仅会让个体受益，也会让社会整体受益，说明了住房消费是具有外部性的特殊消费。众所周知，在存在外部性的时候，市场机制存在失灵的可能。

市场机制在解决住房资源分配方面的种种缺陷，决定了由政府来发展住房保障可以更好缓解住房市场的失灵。社会实现人人住有所居、住有宜居，为每个人都创造公正的公平机会，可以促进人民的共同发展，是新时代高质量发展过程不可或缺的组成部分。

然而，缺乏财富原始积累的新市民和青年人，既在市场竞争中容易被屏蔽在外，又不能进入传统的住房保障体系，成了真正的"夹心层"群体，不仅其个人的发展机会受到严重限制，这个富有生产力、创造力的群体对社会发展的贡献潜力也受到根本制约。新市民和青年人群体规模大，活力强，涉及面广，居住条件和居住稳定性稍加改善，能带来显著的生活满意度、工作积极性和社会认同感的提升。在新的历史条件下，住房保障工作对存在住房困难的新市民、青年人群体给予更多支持扶助，既有利于社会和谐稳定，也能提高经济高质量发展的可持续性。

从这个意义上来说，保障性租赁住房是对新市民和青年人的一种社会投资，早投入早收益。避免新市民和青年人因为住房问题难以解决而产生倦怠和不满，彼时再进行投入，社会成本会高很多。

四、当前发展保障性租赁住房中的施策亮点

当前发展保障性租赁住房，是在更高的历史起点上起步，拥有更好的资源条件和更有利的施策环境，也更加富有施策经验，因此应有更科学的顶层设计和追求更高质量的施策效能。基于多个重要文件中的相关表述，结合住建主管部门近期的一系列政策举措，可以发现当前发展保障性租赁住房不仅在理念和思路上有重要创新，施策上也颇多亮点，具体可概括为以下方面。

第一，施策对象更加聚焦。根据国家"十四五"规划和 2035 远景目标纲要、国办发〔2021〕22 号文等重要文件和中央领导的相关讲话，保障性租赁住房除了明确是聚焦在新市民和青年人群体，也明确主要是在人口净流入多、住房问题突出的大城市和省级政府确定的城市开展，不搞一刀

摄影：陈超杰

摄影：陈超杰

切，不做遍地开花。这样有利于让保障资源更加集中到当前最需要保障扶持、保障投入的经济社会收益产出效率最高的群体，取得更好的施策效果。

第二，施策内容更加精细。国办发〔2021〕22 号文在指导思想中强调，目标是缓解住房租赁市场结构性供给不足，针对的就是住房租赁市场上适合新市民和青年人群体的小户型、长期稳定低租金、靠近就业集聚地租房的结构性短缺。为此，文件对保障性租赁住房的户型面积做出了规范，要求以建筑面积不大于 $70m^2$ 的小户型为主，也要求其租金低于同地段同品质市场租赁住房的租金，同时确保不得上市销售或变相销售。这样可以保证保障性租赁住房在执行中确实面向解决新市民和青年人的基本住房问题，把握好基本保障和非基本保障之间的关系，尽力而为、量力而行，也保证不会走形，不被异化为牟利性或享受型的高端租赁住房，避免政策套利。

第三，施策发力更加精准。这几年来国家一直在推动租赁住房发展，但租赁住房发展中存在收益率低、土地缺、调规难、融资窄、建设和运营负担重等痛点，机构投资者和企业的积极性难以有效调动。针对土地缺问题，此次国办发〔2021〕22 号文提出，鼓励有意愿的农村集体组织投入集体经营性建设用地，有条件的企事业单位利用自有闲置土地，有需求的产业园区拿出配套用地并增加配套用地占比，同时城市政府部门适当投入新增国有建设用地，多方合力，采用多种形式，共同为保障性租赁住房提供土地来源。文件还鼓励在满足相关要求前提下，对闲置和低效利用的商业办公、旅馆、厂房、仓储、科研教育等非居住存量房屋改建为保障性租赁住房。文件同时允许，在符合相关要求的前提下，存量土地变更用途为保障性租赁住房，可不补缴土地价款，划拨土地可继续保留划拨方式，这个政策支持力度很大。同时还允许土地使用权人自建或与其他市场主体合作建设运营保障性租赁住房。这些举措都能有力缓解土地紧缺问题。针对调规难问题，文件要求对利用非居住存量土地和非居住存量房屋建设保障性租赁住房，要简化相关审批流程和提高项目审批效率，组织联合审查、联合验收，强化部门协作，以降低调规难度。文件还允许合理配套商业服务设施，这有利于提高项目收益率。文件还特别注意缓解融资约束，如支持银行业金融机构发行金融债券、商业保险资金按市场化的原则参与，实施房地产信贷的差别化管理，也支持企业发行企业债券、公司债券、非金融企业债务融资工具等公司信用类债券以及基于物业抵押为信用增进的住房租赁担保债券，用于保障性租赁住房建设和运营。文件还力图通过给予中央补助资金支持、减轻税费、执行民用水电气价格等手段，来缓解建设与运营期间的负担。

第四，施策方案更有可操作性。国办发〔2021〕22 号文把 6 月 18 日国务院常务会议所提出的发展保障性租赁住房的多维度政策扶持都明确细化了，对土地供给、中央补助资金、税费负担减免、水电气价格标准、金融支持等政策，都给出具体部署和明晰规则。如文件中直接明确，产业园区中工业项目配套建设行政办公及生活服务设施的用地面积占项目总用地面积的比例上限可由 7% 提高到 15%，由此建筑面积提高的部分主要用于建设宿舍型保障性租赁住房。

第五，施策方式更加市场化。住房保障虽然主要由政府承担，但不代表政府要统包统揽，而是要发挥好政府、社会和市场的协同力。与历史上发展保障性安居工程基本由政府全程承担的做法不同，发展保障性租赁住房从一开始就注意政府、社会、市场的关系，以“政策引导、多方参与、充分发挥市场机制”的鲜明精神，积极鼓励多主体投资、多渠道供给，坚持“谁投资、谁所有”。文件还专门要求，支持专业化、规模化住房租赁企业建设和运营管理保障性租赁住房，这既有利于保障性租赁住房的专业化水平提高，也给社会上的住房租赁企业提供了发展机遇和更多的发展空间。

第六，施策目标更加追求社会效益最大化。国办发〔2021〕22 号文强调保障性租赁住房的布局，要坚持供需匹配的原则，这是对以往住房保障工作偏重供给、但相对忽视供需精准匹配的一个纠正。文件还强调保障性租赁住房布局配置中要把职住平衡作为一个基本原则，主要安排在产业园区及周边、轨道交通站点附近和城市建设重点片区等区域，引导产城人融合、人地房联动，并鼓励在地铁上盖物业中建设。这都是针对新市民和青年人群体的住房需求特点而设计的，提升施策效益。

第七，施策过程中更科学地处理好“存量”和“增量”的关系。历史上有一段时间国家曾经力推大规模新建保障房，有其特定的历史背景因素，也发挥了积极作用。但在当下，中国住房存量总体已经基本平衡、保障性住房存量资源也比较丰厚，甚至部分地方还存在一些闲置的背景下，保障性租赁住房的供给就要以盘活存量为主，而存量挖潜又包括存量地新建和存量房改建两个层面。2021 年 6 月 18 日的国务院常务会议和国办发〔2021〕22 号文都强调，保障性租赁住房的供给来源，以存量地新建和存量房改建为主，通过新供应地新建只做适当补充。文件还明确要求各地对现有各类政策支持租赁住房进行梳理，包括通过利用集体建设用地建设租赁住房试点、中央财政支持住房租赁市场发展试点、非房地产企业利用自有土地建设租赁住房试点、发展政策性租赁住房试点建设等各个阶段各个模式下形成的带有政府扶持补贴的租赁住房，都需在纳入保障性租赁住房规范管理后，才能享受到相关政策支持，这不仅是住房保障规范发展的需要，也是挖掘住房保障自身的政策存量和资源存量、以存量促增量的思维体现。

五、未来发展保障性租赁住房中的展望与建议

发展保障性租赁住房，目前政府主管部门的政策设计已经很丰富、很精细，但为了在更高的历史起点上达到更好的施策效能，笔者认为，还有四方面的工作可以继续深化。

首先，更好处理好“有形”与“无形”的关系。即当前发展保障性租赁住房时候，不仅要重视有形的房屋的建设，更要注意无形的发展机会的培育。为此，当前发展保障性租赁住房，不仅要特别注意选址问题、交通便利性和加强公共设施配套，还要推进公共服务均等化，加快推动租赁赋

权和落实租购同权，逐步让承租人与购房人在享受公共服务上具有同等权利，这才能让受助者通过对公共服务、公共资源的平等享有而得到公平公正的发展机会，同时让“租购并举”真正成为现实。客观来说，由于保障性租赁住房很多将基于非居住存量地新建和非居住存量房的改建来供给，公共设施配套的硬件方面可能会先天存在一些难以弥补的短板。由此可能更加需要高度重视公共服务的软件配给和权利平等。此外，还要高度注意社区建设问题，要特别注重与社区治理和社会治理的结合，增进不同阶层人士的混居，促进新市民和青年人在社会空间上的融合嵌入并增进其社会资本积累，以此帮助其自我实现。

其次，要处理好“长期”和“短期”的关系。发展住房保障体系是长久目标，是国家社会基础设施体系的重要组成内容。但具体到一个城市特定区域地段的保障性租赁住房的布局，则需要兼顾解决当下燃眉之急和地段长期发展需求，注意不能因为当下住房问题的解决而给该地段区域的未来发展潜力带来损害。中国城镇化总体上还处于深化爬坡阶段，不少人口集聚能力强的城市仍在持续扩张中，一些地段区域，当下适合布局为保障性租赁居住社区，但在未来不久，可能在其他用途上会产生更大的经济社会效益。这意味着，在布局保障性租赁住房时候，要有前瞻性眼光，留有灵活性，不仅要尽可能以存量房改建为主，即使是存量地新建，比如在企事业单位自有用地和集体建设用地上新建，也建议多考虑装配式住宅，建筑寿命 20 ~ 30 年，能满足阶段性居住需求即可。

第三，要处理好“规范”和“创新”的关系。保障性租赁住房有其基本内涵，需要有顶层设计，但不同城市不同时期保障性租赁住房发展会有所不同，各地的需求也会有很大差别。2021 年 6 月 18 日国务院常务会议和国办发〔2021〕22 号文都强调落实城市政府主体责任，同时也鼓励各个城市政府依据本地实际情况，因地制宜，因城施策，给予基层更多的创新空间。其实，各种存量地新建和存量房改建、将租赁型保障房委托民营机构进行运营管理等做法，最初都是来自各地的基层实践创新，在试点经验经过总结提炼和推广检验后，才逐步成为国家层面的政策安排。中央政府需要做更多政治动员，增强地方政府的动力，并用好税收和金融方面的普惠性政策，创造良好的政策环境，坚定市场力量参与保障性租赁住房建设与运营的信心。在中央政府做好底线调控和有效建立群体满意度考核机制的基础上，具体的规划布局、比例比重、实现形式和运行机制等，都可以充分放权，交由地方政府与社会力量、市场组织协商协同，找到最适合当地情况、与当地中长期经济社会发展战略更加匹配的实施方案。

第四，强化多策合一。城市社会是一个复杂的网络社会，各个社会政策不能孤立推进，需要与其他政策协同推动。保障性租赁住房工作非常需要强化跨部门协同，与城市发展、城市更新、老旧小区改造、外来人口市民化、新市民劳动技能培训、打造生育友好型城市乃至实施积极应对人口老龄化国家战略等工作有机结合，这意味着需要以很高的智慧和创新精神来推动城市空间的多用途复合利用和空间置换。此外还要以多元主体协同精神和人民城市共建共享共治的理念，在城市治理和社区治理中进行多维度多层面创新，推动新市民和青年人更快融入城市主体社会网络中。

作者简介

陈杰
上海交通大学住房与城乡建设研究中心主任，上海交通大学国际与公共事务学院 / 中国城市治理研究院教授，中国城市百人论坛成员。

上海地产租赁住房社区效果图

LEASING COMMUNITY = PROPERTY + ?

租赁式社区 = 物业 + 吗

赵然 / 文

随着租售并举政策的退出，集体用地、Rr4 用地、竞自持用地为代表的租赁专项用地推出，这些用地都有一个共同特点——开发建成的物业只能持有租赁，不能销售变现，因此，租赁式社区绝大部分都是在这样的用地上新建而成。租赁式社区普遍有多个楼宇，呈组团式布局的空间特点，体量规模少则数百套，多则上千套左右。从运营角度来看，首先是租赁式是不能拆分销售的，开发商在做决策的时候逻辑和出发点是完全不一样的，必须站在长期运营的角度去做规划，无论是户型还是其他配套设施。其次考虑其社区属性，租赁社区既有室内的配套，也有室外共用的大配套，人群也更加多元化和融合化。

对于居住社区来说，我们知道，好的物业管理是一个社区的灵魂，也是社区未来住宅保值增值的一个重要因素。那么对于租赁式社区，物业管理的作用如何呢？

首先，运营管理与物业服务有直接的关系，物业管理覆盖了最基本的功能，包括安全、设备设施维护、清洁卫生等，这些是租赁式社区基础管理中重要的一部分。作为租赁式社区的运营成本而言，物业费的管理是很重要的。

其次，社区运营管理不是传统物业服务可以替代的。租赁式社区通常面临频繁的入住、退租再入住，目前平均租期都在 10 ~ 12 个月，青年型社区的续约率为 44%，家庭型社区为 62.5%。如何提高社区的续约率？增加租户的黏性和提高社区价值就成为社区运营的重要部分，而这些都超过了传统物业的管理范围。

此外，物业服务更多关注的是物，包括物化的建筑和物化的空间，但是租赁式社区的运营，关注点除了“物”的部分，更多的是“人”，让租赁式社区的运营内容更加丰富，更能满足居住的需求，让住在社区里的人有更多更好的居住体验。

因此，租赁式社区的运营团队也绝不是简单的物业管理团队的再升级，其不光需要承担服务资产的重任，更要承担服务客户的重任和收入创造的重任。具体来看，租赁式社区的运营团队必须具备以下能力。

从服务资产的角度看，租赁式社区的运营需要秉承长期主义，因此，租赁式社区的运营团队需要有一个非常重要的全周期视角。比如，怎样用有效的投入达到资产升值保值的目的，这里就不是简单地维护资产了，还需要利用资产去创造价值，如利用闲置低效的空间，提升整体物业的坪效。

从服务客户的角度看，最重要的是效率。以项目为纲，

城方服务社区 • 市台路店外观效果图

一个团队面对客户是实现最大化客户服务品质和效率的关键。比如，从客户报修，到维修完成，最后到客户满意度反馈，整个流程有六个时间点，我们怎么把这个优化成一个团队服务流程，这就是效率问题了。

从创造收益的角度看，目前的租赁式社区动辄上千套房，开业普遍遇到的问题就是招租。单纯以物业公司的视角已经无法满足实践需要，社区的运营管理团队必须具备拓客、招租，以及收益管理的能力。再比如，很多租赁式社区项目并非单纯的居住业态，还会融合很多的商业部分，比如众创空间和孵化器，也会配备路演厅、阅览室、会议室等；有的社区还会配备集中的大中型体量的商业设施，让租户能够在社区里实现基本的生活保障与生活的配套服务。这需要具备极强的招租能力和运营思维。

此外，社区是社会治理的最后一公里，也是社会的最小的单元，租赁式社区下一步应该融入整个的社区治理中，所以可能承担的职能，以及涉及的面更宽泛一些，这也是对于租赁式社区运营管理的新挑战。

作者简介

赵然
ICCRA 中公委租赁式公寓创新研究中心院长。

LARGE LEASING COMMUNITIES APPEARING GIVES PLAY TO THE SYNERGY OF THE WHOLE INDUSTRIAL CHAIN AND SEEKS MARKET OPPORTUNITIES

大型租赁社区面世 发挥全产业链协同效应谋市场先机

顾媛雯 / 文

表 1 租赁社区 3 年供应推算

成交日期	规划建筑面积（万m^2）	套数（下限）	预计入市时间
2017年	139	15972套	2020年
2018年	251	47541套	2021年
2019年	136	23453套	2022年
总计	526	86966套	-

数据来源：克而瑞咨询

租赁社区是城镇化进程中出现的新型城市功能单元。租赁住房正从分散走向集中，从公寓走向社区。

2020 年，中央经济工作会议中强调，“探索利用集体建设用地和企事业单位自有闲置土地建设租赁住房”，从政策端加码了大型租赁社区发展的有利条件。“十四五”规划建议有序均衡供应住宅用地，推进集体土地租赁住房试点，优化住房供应空间布局，促进职住平衡。

2021 年是“十四五”规划实施的第一年，Rr4 租赁社区陆续进入招租期。以上海地区为例，2021 年中外环、外郊环项目集中入市，2022 年后供应开始集中在外郊环。Rr4 租赁社区的大批供应或将改变上海住房租赁市场的整体格局。

从已成交的 Rr4 租赁地块来看，政策性套数下限逐渐放低产品面积，60m^2 以下的户型成为主力，同时随着市场回归理性，小户型或成为租赁用地产品设计主流，70m^2 以上的两室、三室户型成为补充产品。

显然，未来 3 年是住房租赁行业发展的关键时期，大型租赁社区是建设健全租售并举长效机制的有效保障。Rr4 租赁社区项目在大批供应的过程中，为满足“收益最大化 + 社区品质高”，开发商与建设单位、运营商需要共同承担前期投入加大、爬坡期拉长、社区运营生态复杂的压力，需要用时间换取优质的客群助力提升社区品质。

压力 1：前期投入高

受出让条件的影响，1000 套及以上的 Rr4 租赁社区项目大部分都集中在国企单位手中。相对于传统长租公寓，其建安及装修标准对标周边中高端商品房，因此前期的土建及装修成本高出一大截。大型社区的建设考验资金能力，大量房源的推出也增加了获客的难度。

压力 2：爬坡期拉长

传统的长租公寓规模一般在 200 ~ 500 间，正常的爬坡周期约 2 ~ 4 个月。按平均租期 10 个月来算，到期后租户的续租间数，每个月均为 20 ~ 50 间。Rr4 租赁社区往往有 800 ~ 1000 间，如果按 2000 间体量的项目来计算，入市阶段一次性 2000 套房源入市，按 1：1.5 客群计算，则至

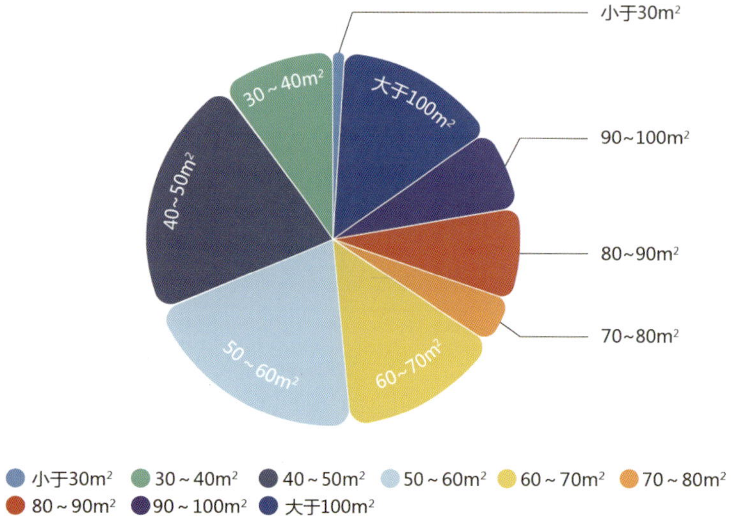

图 1 平均单房建筑面积（m²）
数据来源：克而瑞咨询

少需要3000组租户，后期还要承担每月200间（300组客户）的退租压力。

压力 3：运营管理复杂

社区运营主要涉及租户管理、房源管理、事务管理三大块。随着社区生态的多样化，运营服务难度明显加大。有别于传统长租公寓项目，未来租赁大社区的运营模式，需要统筹整合物业管理、社区商业、周边配套、社群管理等一系列服务。

当然，大型租赁社区的成功开发运营，考验定位、销售、运营的三大能力和经验，也赋予其背后产业链上下游不断试水的机会。入局者与开发者取长补短，即可达到 1+1 ＞ 2 的共赢趋势。

一、以运营为导向的设计前置

租赁住房在客户群体、使用需求方面，与商品住宅存在较大差异。运营阶段的成本、费用、效率，很大程度上又与产品阶段的设计、材料、工艺和智能化选型等密切相关。因此，参与租赁社区建设阶段的设计单位和施工单位需要提前考量运营场景需求、结合运营场景进行规划设计和维护成本预算，做好运营场景下的设计空间预留，减少因“变更设计”增加的成本，避免改造成本叠加。

二、高性价比的装配式内装

不同于传统商品房的装修需求，租赁住房的内装必须同时满足开发运营方及租住者的实际需求：高效率，低成本，环保安全，可持续。装配式技术的应用都基于项目以最快的速度进入营业状态为方向，既保证室内装修和配套设施的高品质，又符合租赁住房快速入住的要求。这种实现高性价比的装修模式在快速实现设计风格落地、满足各类生活场景需求的同时，更能提升空间生活的品质，以匹配其多元化的审美和品位。

图 2 新黄浦筑梦城 • 梅陇国际社区

三、以智慧为导向的社区运营

对于大型租赁社区来说，人口管理、房源管理、安全管理是管理之本。一方面，对安全治安环境问题进行全面监管；另一方面，面向租户在生活配套和服务上开辟新的营利价值。仅仅依靠线下企业人员组织的管理显然是不够的，还需要信息技术的系统支持。

综合性信息管理平台在其线上生态连接用户与企业，一方面帮助企业有效管理租赁社区；另一方面通过终端 App 提升用户满意度，提供有针对性的增值服务。在其线下生态为客户提供住宿服务和生活消费类服务，创造空间与跨界互联，满足租户租住期间的多种需求。

租赁住房在一线城市市场规模与需求量大，建成后可持续提供稳定收益。在住房租赁新政的推动下，越来越多产业链上下游企业参与共创。由于租赁住房的生态闭环是由土地投资者、建设投资者、资产管理者、社区运营以及服务共同构成的，因此在每个链条上积累的优势都可以影响到项目开发建设的每个部分，使之成为理想的租赁社区。

以全产业链协同发展的全筑股份为例，旗下设计、装饰、智造、科技事业群从不同维度和程度参与租赁住房的开发、建设、运营过程。能够为租赁住房开发者提供全产业链顾问咨询及针对性的设施与配套服务，为项目提供精准定位策划及运营管理咨询。

全筑股份为每个租赁社区产品梳理不同定位，面向客户群体和使用需求提供差异化设计方案，结合设计牵头的 EPC 总包服务模式和装配式内装工业化运作经验，在设计阶段排除交付运营后的难题，降低二改难度和建设成本，匠心打造每一个租赁住房项目。

四、案例解读

全筑股份旗下澳锘设计将新黄浦筑梦城·梅陇国际社区定位为多元化城市公寓，打造为人与人交流共享的驿站空间、青年人才向往的精致、舒适、时尚、独特的筑梦之城。通过颇有质感的硬装主线，以及色彩、配饰凸显出“酷雅时尚、北欧牧风、INS 现代简约”等装饰风格定位。

图 3 新黄浦筑梦城 • 梅陇国际社区

图 4 新长宁集团新泾镇租赁住宅项目

新长宁集团新泾镇租赁住房项目总套数达 5300 套，是目前上海市单项建设规模最大、套数最多的在建租赁住宅项目。20 ~ 30m^2 小户型占总套数的 81.7%，其余为 40 ~ 90m^2 不等的二室和三室户型。全筑股份旗下澳锘设计在其室内设计概念方案中以现代风格为基础，衍生出不同装饰风格满足单身青年、年轻夫妻、三口之家的居住需求。

图 5 城方活力社区 • 江月路店

城方活力社区 • 江月路店是存量大型商办类物业转性租赁住房项目，总体量达 1080 套，采用全装配式内装。众所周知，在土地资源有限的背景下，租赁住房往往涉及拆旧、二结构改造、一次机电及二次机电改造、装饰等，复杂性高于一般意义的装配式装修项目。在目标成本、项目周期、施工环境、固有设计方案等已固化的前提下，全筑提供与之适配的模块化、通用化、集成化、工业化、装配化的技术模块及内装部品体系，使得租赁产品居住体验得到提升。

克而瑞分析指出，从发展进程来看，目前大型租赁社区正从 2.0 版本向 3.0 版本升级，更加注重智能打造、智慧升级、紧跟互联网发展这趟快车。对于致力于大型租赁社区业务的企业而言，提早布局和更新运营模式，将能借势而上，赢得发展先机，把握未来机遇。

全筑在“两翼一箭”战略指导下，面向租住市场量身定制智慧公寓一体化解决方案。围绕智能家居、智慧楼宇、智慧社区三重生活服务场景；构建智能建造平台、智能管家平台、智能运营平台，智能防控平台；提供包含商业策划、规划以及建筑、室内环境、运营托管、

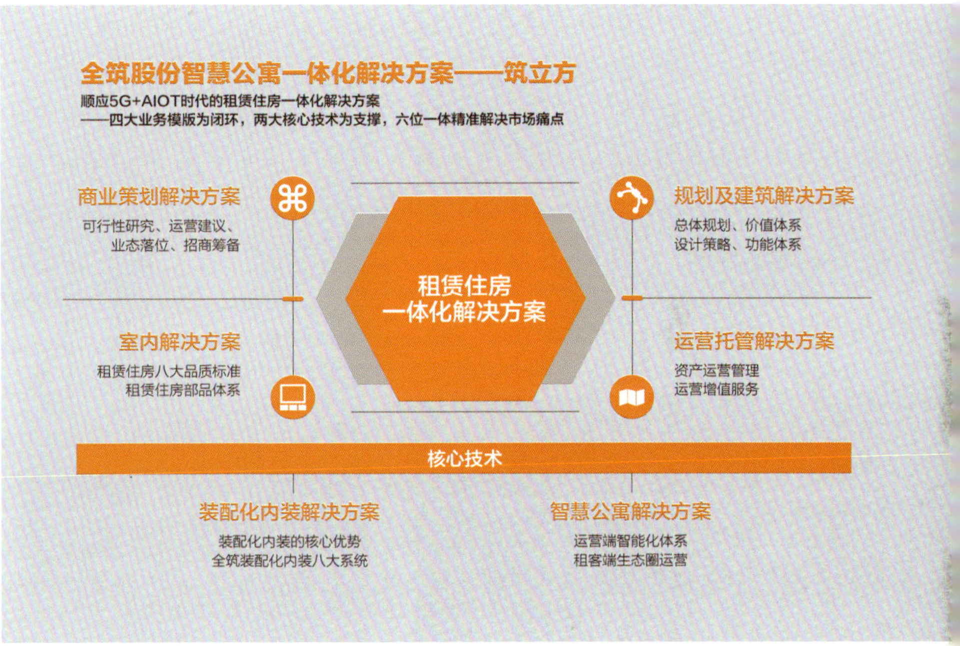

图 6　全筑股份智慧公寓一体化解决方案——筑立方

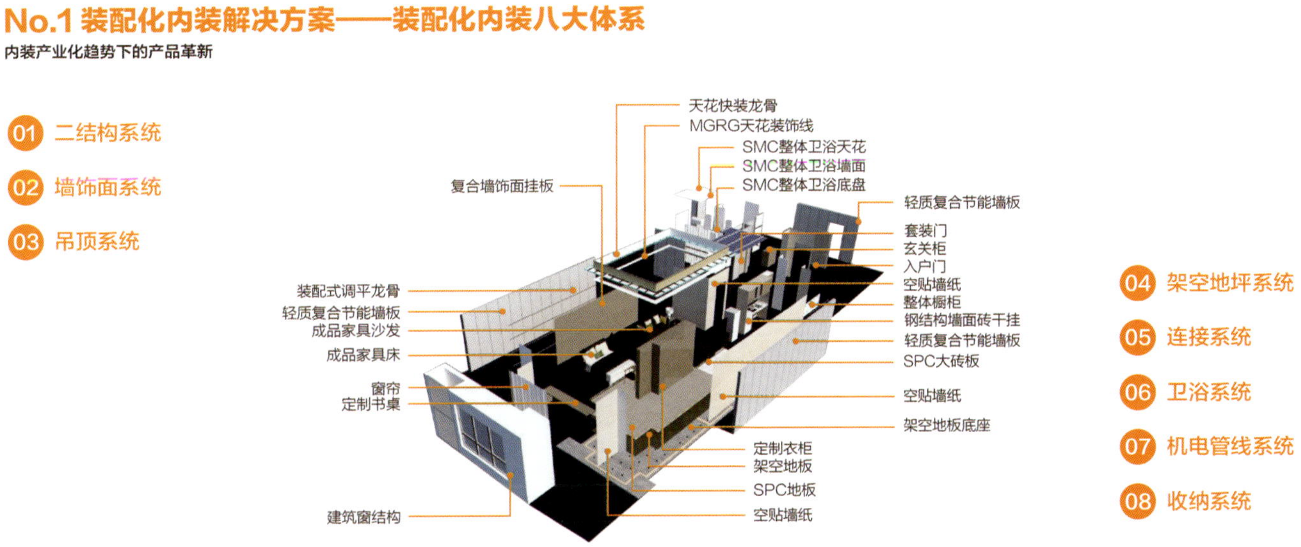

图 7　装配化内装解决方案——装配化内装八大体系

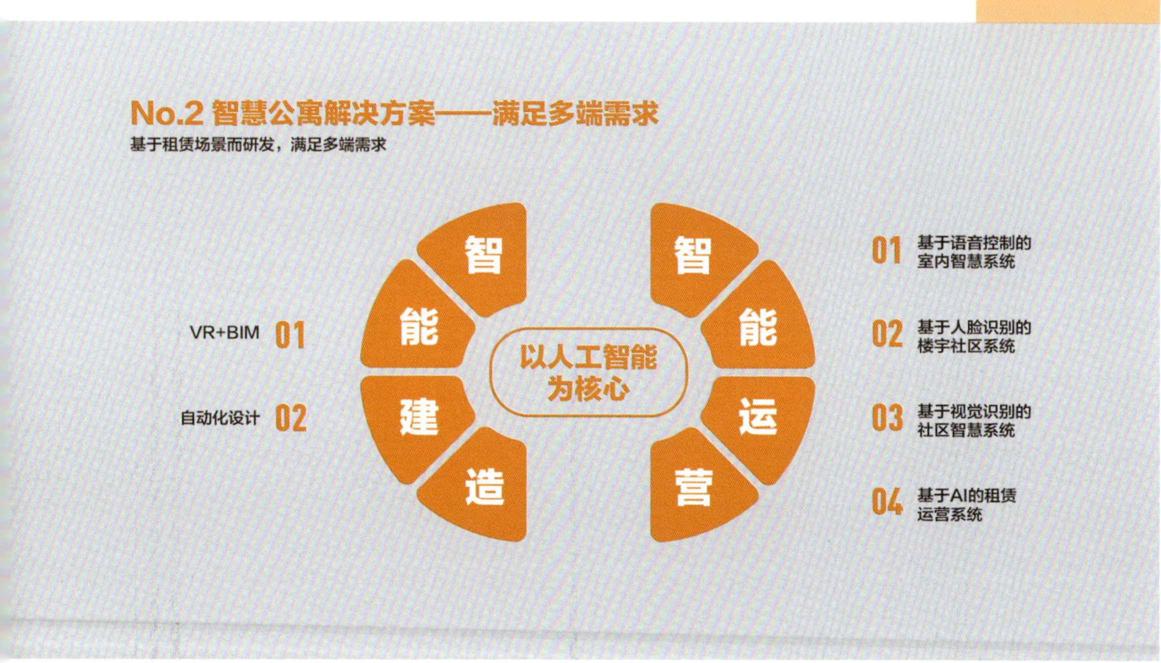

图 8 智慧公寓解决方案

装配化内装、智慧公寓六大解决方案，可精准击破政府端、开发端、运营端、租户端的市场痛点。并与阿里租赁住房生态赋能体系打通，以期实现智能化控制产品四端联动，与邻里商圈互通。

区别于独栋物业的集中式公寓和零星布局的分散式公寓，租赁社区是一个集中式公寓的集群，且配套多业态融合的公共活动空间，能满足人类全生命链条的需求。其产业链条的复杂性、行业的服务特性、资产的管理属性，决定了全行业需要合理分工、优势互补。全筑已完成全国首个装配式租赁住房 1080 套、56000m^2 批量交付，多个大型租赁社区项目正持续推进。未来也将继续发挥全产业链一体化解决能力，引导租赁市场向社区化、品质化、生活化的方向发展。

作者简介

顾媛雯
全筑股份市场部内容策划主管。

上海地产租赁住房社区效果图

SMART CITIES AND COMMUNITIES CANNOT DEVELOP WITHOUT THE HELP OF SMART DEVICES

智慧城市和社区发展离不开智能设备助力

中通服软件科技有限公司 / 文

近年来，发展迅猛的住房租赁市场正逐渐走向“高烈度、低容错”的红海竞争，在精益化管理和租户体验感提升的双重诉求下，公寓智能设备的需求量和使用量与日俱增，租户对智能设备的接受程度在不断提高，对设备的功能要求也趋多样化。房地产企业与人工智能等互联网的结合由来已久，未来，智慧城市、智慧社区的建设也离不开智能设备的助力，租赁住房智能设备的发展也已逐渐引起人们的关注和重视。

一、租赁住房智能化场景

通过 SaaS 系统，将物业中的水电信息、租务信息、智能门锁、智能家居、地理位置、硬件设备等信息统一汇集，通过智能算法高速处理海量信息，提供可视化、可量化的有效数据，将租务、房源、能源、账单一网打尽，综合填补漏洞，降低管理成本，实现收入增长。

从租户源头进行管理，使用智能安全入门设备，提高居住安全性和生活体验感。智能门禁门锁可以高安全设计，实现多种开门方式、多重报警方式装置、多维数据应用服务、支持本地火警联动、实时远程操作管理。

传统水电麻烦多，查缺补漏耗人力。采用智能水、电表，热表、气表等能源管控设备，可以智能集抄，省时省力，能源精确计量，稳定可靠。合理利用智能手段，建立健全节能管理制度，减少各房间的能源消耗，提高公寓办公运行能效。

二、租赁住房智能设备的特性

租赁住房智能设备可以理解为：依托租赁住房服务平台，通过在传统硬件上利用电子信息、网络通信及自动化控制相关产品及技术，为租户提供一系列“以人为本”的公寓生活体验的设备。智能设备是线下真实场景和线上平台的连

图 1 21 大全屋智能家居控制系统

接点，对租赁住房而言，是形成配套软服务、线上线下互动的商业模式的基石。

按功能划分，租赁住房常用智能硬件主要可以分为以下四类（表 1）。

1. 强互联性

公寓智能设备的发展，已经由单品设备智能化演化至单品之间的联动，即各硬件设备与设备之间、硬件设备与软件系统之间可实现互联。这种互联既可以通过有线方式连接，也可以通过无线方式连接（符合各类通信协议要求，如 Wi-Fi 网关、5G 等）。具

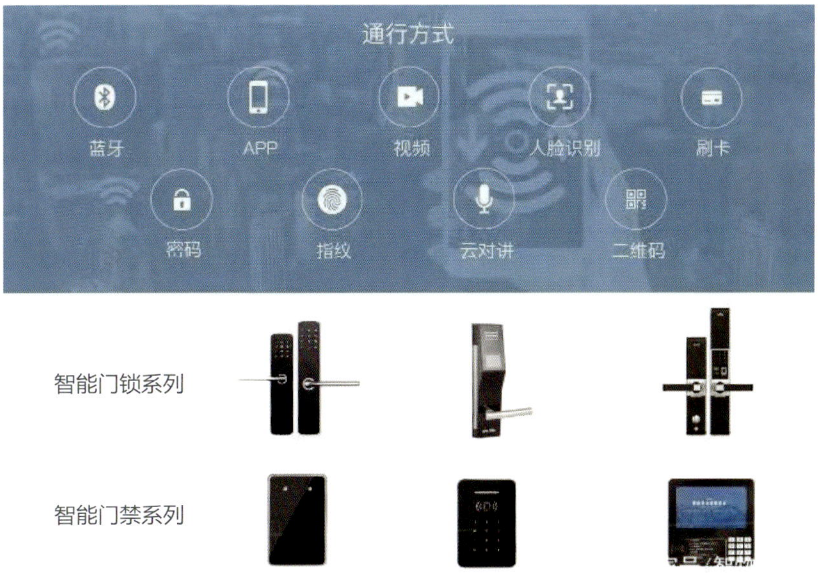

图 2 智能系列

表 1 智能硬件分类

功能	智能硬件种类
身份鉴别	智能门锁、智能门禁等
安全控制	智能门禁、智能监控、智能烟感等
数值采集	智能水表、智能电表等
生活便捷	智能音箱、智能电灯、智能窗帘、智能家用电器等

有强互联性的智能设备在一定的数量、种类基础上，可以通过分布式软件系统的控制，形成系统互联，以协同聚集动作对外界环境的变化做出主动感知，并有一定的自我学习（记忆）能力，做出相应决策。

2. 低功耗、高能效性

租赁住房的智能硬件往往具有服务时间长、处理事务单一的特性，从成本角度出发，必须满足长时间待机的互联需求和独立计算需求。这要求智能硬件处理数据的算法要尽可能简单，器件尺寸及对应功耗要搭配合理。

3. 处理复杂信息能力

智能硬件的应用可能面向多主体，包括多种变量，如声音数据、图像数据，甚至是一些电磁波数据等。这要求智能硬件处理复杂信息需建立多层次、多角度的算法，如根据光线强度不同，智能电灯的感知算法、智能窗帘的定位算法等。

4. 安全与私密性

智能硬件的使用离不开网络，往往都有配套的服务平台（SaaS/IaaS 平台），或接入云平台，但这也同时使得其容易受到安全入侵，隐私易被暴露，主要体现在智能设备与控制平台的数据交互及操作系统方面，涉及数据加密、隔离、存储等诸多方面。时刻暴露在互联网中的智能设备也时刻存在着被攻击的风险，例如黑客组织对设备登录弱口令等漏洞的攻击，以及网络运营商提供服务的安全性。

三、满足需求是关键，完善标准是共识

目前，租赁住房行业内的智能设备产品日渐多样化，功能日渐增多。租赁住房的智能硬件产品面对的是一个海量市场，也必然会是一个短期爆发迅猛但动力持久的“长尾”市场，整个发展过程是一个不断满足已有需求并创造新需求的过程。

智能硬件产品在租赁住房服务水平不断提升的情况下，开始逐步走向产品外型规格多样化、服务功能完善化。例如，智能门锁的款式、尺寸、接入互联网方式（ZigBee、蓝牙、Wi-Fi 网关、NB-Iot 通信协议）等在不断演化，相应控制软件及平台也在快速发展，从一开始的 PC 端控制，逐步走向云端服务。大部分智能硬件制造商也开始推出高、中、低端产品，甚至是定制化产品，来满足不同层次的长租公寓运营方的需求。

租赁住房智能硬件产业链日益成熟，从“百家争鸣”到头部企业的确立，市场规则逐步成型，目前已基本实现了融资方面的合作与发展。上游企业一般主要生产核心零件部，例如包括传感器、芯片和电路板等；中游主要专攻某项智能化系统模块，如何进行更好的智能控制、数据传输以及控制系统模块等，形成多种模式和解决方案，有一定周期的控制系统研发和更新；下游企业则主要进行非核心硬件零部件制造、产品整体拼装、销售物流等。各环节在衔接中不断走向规范化、成熟化，例如市面上常见的智能门锁、智能门禁等设备基本都提供软件 API 接口，方便各公寓管理系统进行对接。

尽管租赁住房的智能设备性能不断提升，但从硬件层面而言，仍缺乏统一的行业标准（特别是在计量仪表方面），这导致了很多长租公寓企业在智能设备安装过程、调试和验收的人工费过高。随着时间的推移，不同项目采用的智能设备品牌的性能、参数会出现差异，导致公寓运营管理系统的维护、升级成本不断升高。此外，对智能硬件信息的安全保护，目前也未形成统一的标准和流程，缺乏相关的评估方法。

四、以技术为核心，探索发展方向

租赁住房智能设备的进一步发展，还需要从核心技术上进行突破，进行综合升级，需要重点关注以下三个方面。

1. 芯片研发

芯片是智能设备的“心脏”，未来长租公寓智能设备的更高复杂度的数据计算和智能化服务离不开高能效比、低功耗的芯片。可能的研究方向包括高性能图像处理芯片、AR/VR 芯片、专业语音处理芯片等，主要用于公寓安全相关的语音、人脸识别方面。例如在智能设备常用的芯片之一——FinFET（鳍式场效应管）等先进晶体管工艺的开发，在尺寸不增加的情况下，提高芯片的数据处理能力。

2. 传感器算法研发

智能设备功能的多样性源于其应用的传感器种类丰富多样，比如温度、速度、磁力传感器在智能门锁、智能家用电器方面的应用等。这些传感器的应用除了物理层面的突破，归根到底仍要依赖算法去进行数据的实时采集、传输及计算，如自适应 PID、滑膜控制算法等。传感器算法的可靠性和精

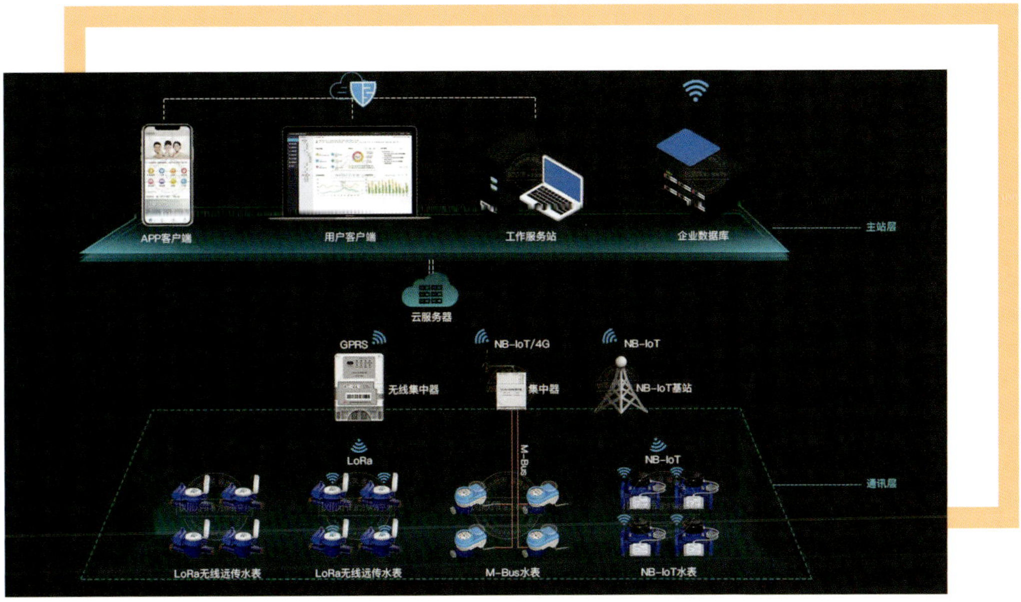

图 3 智能能源设备及管理

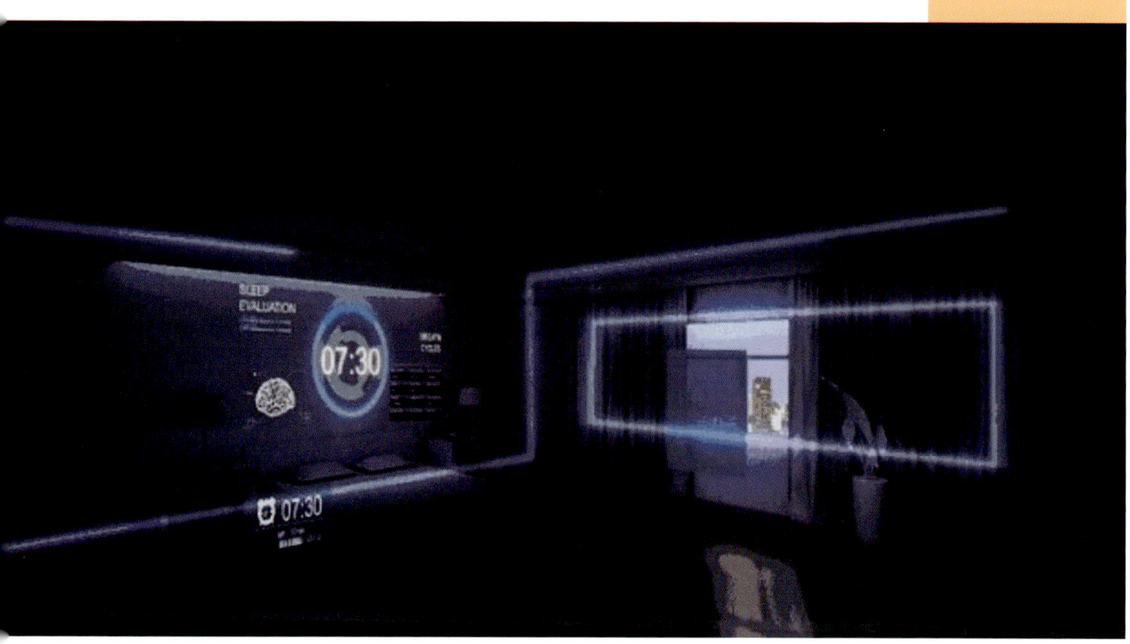

图 4 智能生活预设场景

确性将成为智能设备应用和发展的坚实基础。

3. 大数据平台建设

智能设备是信息流的源头之一，也是载体，设备服务范围、精确性、实时性还高度依赖于远程和本地计算关键技术，实现联网传输现场数据至数据中心，在对数据进行“清洗”“分类”之后，对租户的行为进行刻画和需求分析，从而更好地进行产品迭代。

以上三方面都是周期长、不确定性大的智能设备厂商发展方向。各

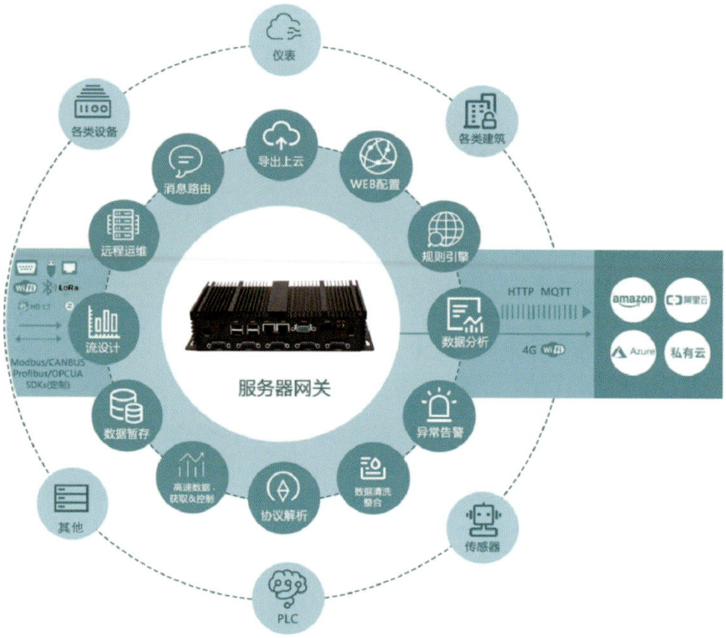

图 5 多协议智能网关系统

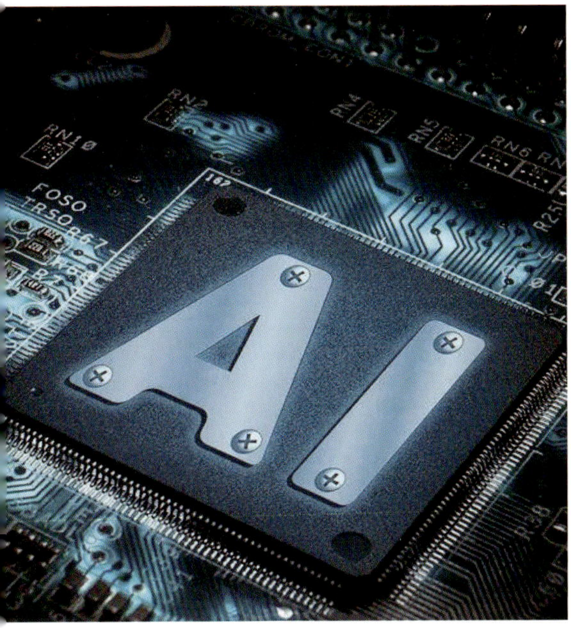

图 6 人工智能大数据处理

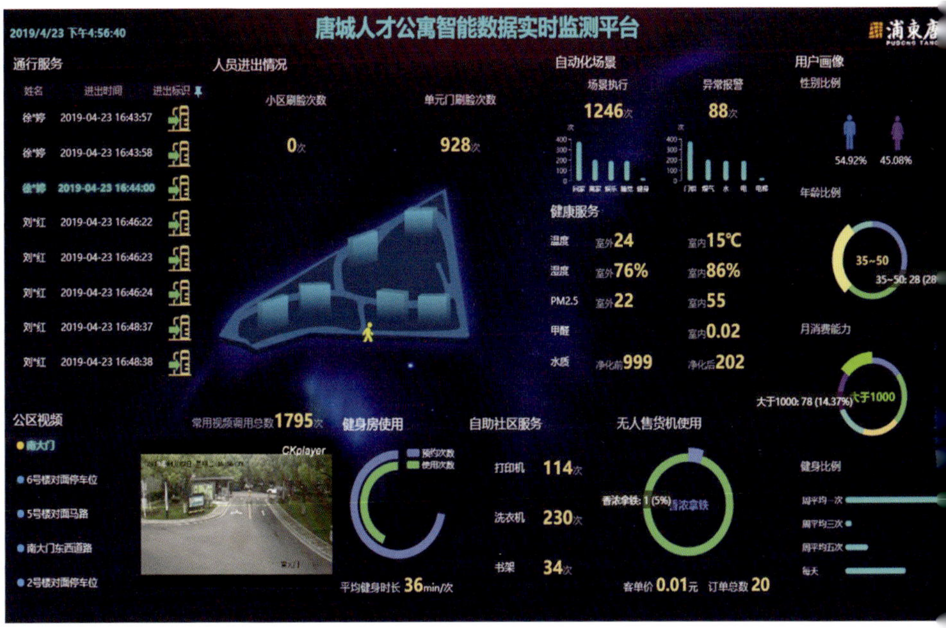

图 7 人才公寓智能数据实时监测平台

生产厂商因根据自身要素禀赋条件，进行短期成本投入和长期收益的平衡，积极探索发展方式。

4. 智能设备应回避“伪需求”

人们对于美好生活的追求脚步从不停止，对于租赁住房而言，提供更加优质的服务、提高效率、减少繁琐重复的人工劳动，从而达到降本增效的目的也永无止境。智能设备的使用，已经体现出了巨大的商业价值，但目前而言，技术和应用层面仍具有较大提升空间。

各智能设备开发企业要切记：产品的多样性和功能的提升不能陷入“捕鼠夹陷阱”，应回避“伪需求”和“体验冗余”。

此外，智能设备的真正价值不仅在于技术的先进性，还在于使得公寓和租户之间实现租务信息对称、信用对称，可使租赁住房运营安全、效率、效益的确定性得到提高。从信息对称走向信用对称将是我国后工业化时期，很多服务型企业在获取市场核心竞争力必然路径，也是目前租赁住房运营方潜在的业务痛点。

鉴于此，获取租户行为一手数据、打造数据分析平台，对接各类社会管理系统，为租赁住房运营方提供“数据分析服务”，既是智能设备厂商的“先天优势”（可形成较高准入门槛和行业壁垒），也是盈利来源之一，应积极利用。

业界思考

ANALYSIS ON THE POLICY CHANGES OF DEVELOPING INDEMNIFICATORY LEASING HOUSING

发展保障性租赁住房的政策变迁解析

胡世杰 / 文

2021年起，“保障性租赁住房”继“房住不炒”成为热频单词。虽然这个概念比较新颖，但是从国家住房保障体系建设发展的历史脉络来看，该产品的面世是意料之中，是住房市场的刚需保障，也将会成为租赁市场的拳头产品，更是公共政策对住房权益保护的重要抓手。下面就该产品特色特征进行分析，希望能够使读者对“保障性租赁住房”有更直观和更清晰的了解。

一、深化国家保障居住战略，落实“房住不炒”方针

2020年11月3日发布的《中共中央关于“十四五”规划和2035年远景目标的建议》中，就已经有“扩大保障性租赁住房供给”这个提法。2020年11月17日，住建部官方网站发布的王蒙徽部长《实施城市更新行动》一文中提出，扩大小户型、低租金的保障性租赁住房供给，并要成为住房保障体系的主体成分。

2020年12月18日闭幕的中央经济工作会议，在关于解决好大城市住房突出问题的论述中明确提出，“要高度重视保障性租赁住房建设”。2020年12月21日举行的全国住房和城乡建设工作会议上，扩大保障性租赁住房供给，被列为全国住建系统2021年的重要工作内容。

2021年3月，国务院政府工作报告也专门提到，切实增加保障性租赁的供给。在两会闭幕后发布的国家《“十四五”规划和2035远景目标纲要》文件中明确指出，“以人口流入多、房价高的城市为重点，扩大保障性租赁住房供给，着力解决困难群体和新市民住房问题”。住建部官网披露，2021年4月至5月住建部多次召开累计有40多个城市政府及住建部门负责人参加的发展保障性租赁住房的专题工作座谈会，会上强调指出，发展保障性租赁住房是党中央、国务院作出的重大决策部署。2021年6月18日的国务院常务会议，确定了一系列加快保障性租赁住房发展的政策措施。

2021年7月初，国务院办公厅印发《关于加快发展保障性租赁住房的意见》（以下简称《意见》），明确保障性租赁住房基础制度和支持政策，提出“加快完善以公租房、保障性租赁住房和共有产权住房为主体的住房保障体系”，对于未来住房保障体系构建具有重大意义。《意见》指出，突出住房的民生属性，扩大保障性租赁住房供给，缓解住房租赁市场结构性供给不足，推动建立多主体供给、多渠道保障、租购并举的住房制度，推进以人为核心的新型城镇化，促进实现全体人民住有所居。

通过提升保障性租赁住房供给在住房市场的占有比例，是对国家“房住不炒”政策的落实，是符合我国民生需求的，也是充分体现我国国情的。全球疫情冲击之下，中国积极应对新情况，但如何促进消费仍是经济工作重点。表面上看，整体中国经济恢复全球领先水平。但目前增长正在逐步放缓，且内部结构不均衡，突出特征是：财富分化，导致大众受制于收入预期不振、不确定性下边际消费倾向偏低等因素影响消费需求偏弱，使得中国大量产能无法得到充分消化。与此同时，政策稳增长还面临稳杠杆、控房价、改善民生和调节收入分配结构等约束。

对于房地产市场，在这样的背景下，既能够保证潜在刚需达到一定体量的释放与保障，又能缓解房价压力，同时起到调整收入结构的效果，而且不会大幅加大经济杠杆压力，保障性住房是为数不多能够符合这些约束的政策领域之一，势必将成为未来房产产业政策风向、经济发展、人才导入的机会之窗。

根据王汉锋2021年7月4日发表的《“保障性租赁住房”对市场意味着什么？》一文认为，当前中国推进保障性住房建设，整体能够满足多重政策目标：

(1) 满足“新市民”，特别是城市中低收入群体的居住需求；

(2) 缓解房价上涨压力；

(3) 在增长放缓的背景下，起到一定的“稳增长”作用；

(4) 偏低的租金有利于调整收入结构；

(5) 避免大规模动用全局的货币政策、避免大幅扩张经济总杠杆、稳定房价预期。

二、扩大国家住房保障体系覆盖面，实现更多群体安居

《意见》还明确提出，“完善以公租房、保障性租赁住房和共有产权住房为主体的住房保障体系”，这就从国家层面正式确认了保障性租赁住房是以“三房”为主体的住房保障体系的重要组成内容。

2010 年 6 月，住建部等七部门联合制定《关于加快发展公共租赁住房的指导意见》的发布，旨在发展公共租赁住房，以解决城市中等偏低收入家庭住房困难。公共租赁住房的房源通过新建、改建、收购、在市场上长期租赁住房等方式多渠道筹集，新建公共租赁住房以配建为主。自此，公租房加入了保障房体系，我国保障性住房体系逐步完善。“十二五”规划也明确提出加大保障性安居工程建设，计划每年全国新建保障性住宅 500 万套。作为我国现行住房保障体系的最重要构成部分，截至 2018 年年底，公共租赁住房共解决全国 3700 多万居民的住房问题。

2014 年 6 月 4 日，住房和城乡建设部表示，北京、上海、深圳、成都、淮安、黄石 6 个城市为全国共有产权住房试点城市。2020 年 12 月 21 日，住房和城乡建设部部长王蒙徽表示，要加快构建以保障性租赁住房和共有产权住房为主体的住房保障体系。2017 年至 2021 年 7 月 20 日，北京共有产权房申购网站公布的共有产权房项目数量，可申购套数累计达 8.75 万套。截至 2020 年年底，上海已累计开展了上海市户籍八个批次和非沪籍两个批次的申请供应工作，上海全市共有产权保障住房历年累计签约购房约 12.75 万户，实际受益家庭约 21.3 万户，在全国开展共有产权住房工作的主要城市中，上海在共有产权住房受益规模中位居首位。

可以说，共有产权房缓解了一部分中低收入家庭的安居置业的经济负担，保障了其拥有房产的权利，也一定程度上有助于抑制房价上涨。

共有产权住房的本质是政府住房公共政策在商品住房领域的体现。共有产权住房一方面缓解了一部分中低收入家庭的安居置业的经济负担，保障了其拥有房产的权利，使其“买得起，住得上”；另一方面，改善和优化了热点城市商品住房供给结构；共有产权住房还缓解了一线和热点二线城市房价上涨的压力，在一定程度上能够平抑房价，疏解高房价的困扰。

从上可见，对于住房保障体系的搭建，国家还是作了充分的公共政策的补充，使得部分中低收入人群得到了安居。但是以上两种房源都存在一定的限制条件，比如共有产权住房，对于个人收入、住房条件、户口属性等都有一定限制，虽然逐步在放宽，比如在上海，为更好地解决新市民的住房问题，体现上海城市温度，按照以户籍人口为主、逐步扩大到常住人口的要求，在继续做好上海市户籍家庭基本保障，保障力度只增不减、保障房源确保供应的基础上，2018 年 9 月底，上海市进一步扩大共有产权保障住房受益面，将部分非沪籍住房困难家庭有序纳入保障范围，优化了非沪籍家庭共有产权保障住房供后交易机制，允许该类对象取得上海户籍后，享受上海户籍家庭共有产权保障住房供后交易政策，但是依然偏向于中低收入以下家庭的置业；而公共租赁住房则具有租赁住房租赁期限的时间制约条件，住建部《公共租赁住房管理办法》第十八条约定公共租赁住房租赁期限一般不超过 5 年，虽然有一定过渡期政策，但是依然无法改变其阶段性保障安居的产品特色。在当前一二线城市房价不低的前提下，为吸引人才，势必要对新市民、青年人群等提供更长期、更稳定、更普惠的公共服务，如此，保障性租赁住房势必将成为住房保障体系的重要补充基石。

住建部住房保障司司长曹金彪还表示，新市民和青年人多、房价偏高或上涨压力较大的城市，在“十四五”期间，新增保障性租赁住房占新增住房供应总量的比例应力争达到 30% 以上。

那么这种产品是什么特征的呢？

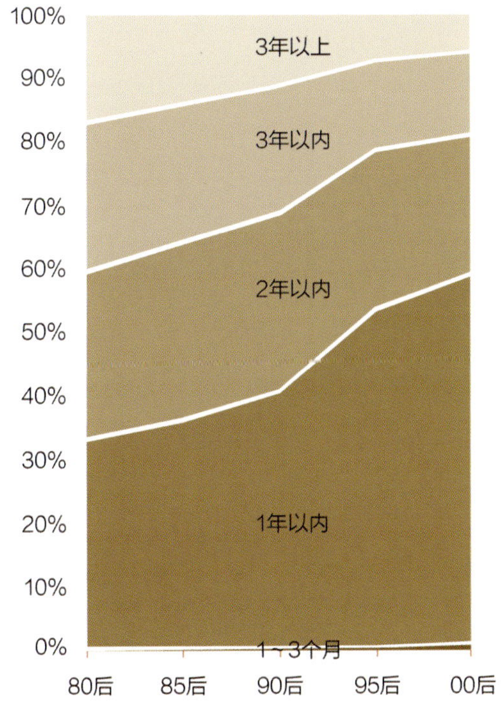

图 1 2019 年不同年龄段青年租房周期

三、打造新市民、青年人所需社区型小户型租赁住房产品

《意见》中提到，保障性租赁住房明确对象标准为住房困难的新市民、青年人；建筑面积不超过 70m^2 的小户型为主，租金低于同地段同品质市场租赁住房租金。并引导了多方参与，支持专业化、规模化住房租赁企业建设和运营管理。

根据 58 同城、安居客发布《2021 年毕业生就业居住调研报告》，参与 58 安居客房产研究院调研的 2021 届毕业生中，80.5% 的毕业生需要租房，其中 36.5% 的毕业生已经租房。61.1% 的毕业生只愿拿出工资的 20% 来租房，29.0% 的毕业生愿意拿出工资的 30% 来租房。愿意在租房方面花费超过 50% 以上工资的毕业生占比仅为 1.2%。三成需要父母家人的资金支持，其中 11.3% 的毕业生需要家人支付全部租金。可见租赁群体的刚需属性。

享受生活、注重品质，作为年轻人的标签，在毕业生租房选择上可见一斑。58 安居客房产研究院通过对调研结果分析发现，地段好、房屋质量高、生活便利、配套完善、装修齐全等原因，促使 11.2% 的毕业生选择租住品牌公寓。整体来看，64.8% 的毕业生选择家具家电齐全的全装修房源，占比近乎是选择家具家电自理、简装修房源的两倍。另外，六成毕业生会用绿植、小件家具等装点新家，约半数毕业生会挂画、墙纸。这些数据显示规模化、品牌化、专业化的运营单位将会成为未来主流。

根据 DT 财经联合链家发布的《2020 中国青年住房及居家消费趋势研究报告》显示，租房周期随着年龄的增产逐渐拉长，合租越来越转向整租。并且，随着年龄的增长，从单身走向家庭，再走向三口之家，对于房屋租赁的需求会变得越来越寻求稳定性。

而在面积段上，70 ~ 80m^2 的面积段是大部分城市的主力租赁面积段，不管是合租或整租。总体上，70 ~ 80m^2 能够满足青年租房需求，也是大家比较接受的面积选项。《意见》提出的建筑面积不超过 70m^2 的小户型为主也是比较符合保障主要租赁群体需求。

四、规范企业运作、合理筹措资金

2021 年 7 月，国家发改委印发了《关于进一步做好基础设施领域不动产投资信托基金（REITs）试点工作的通知》，明确将保障性租

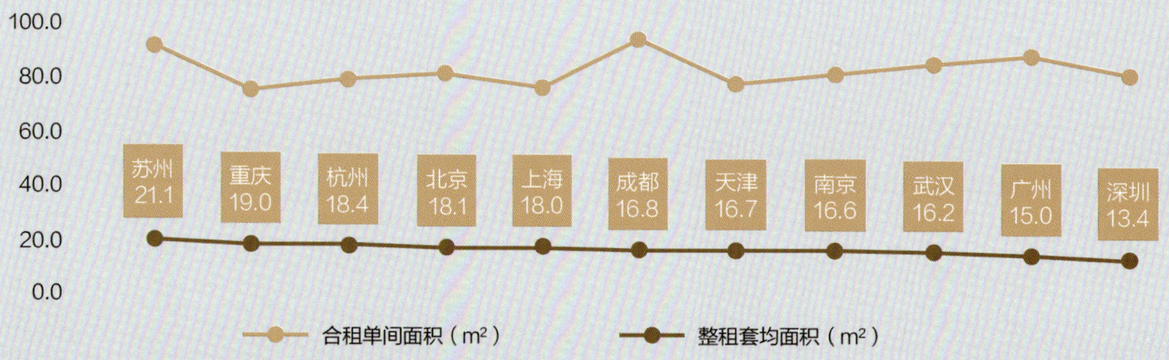

图 2 2019 年主要城市 18—35 岁青年合租单间平均面积排名

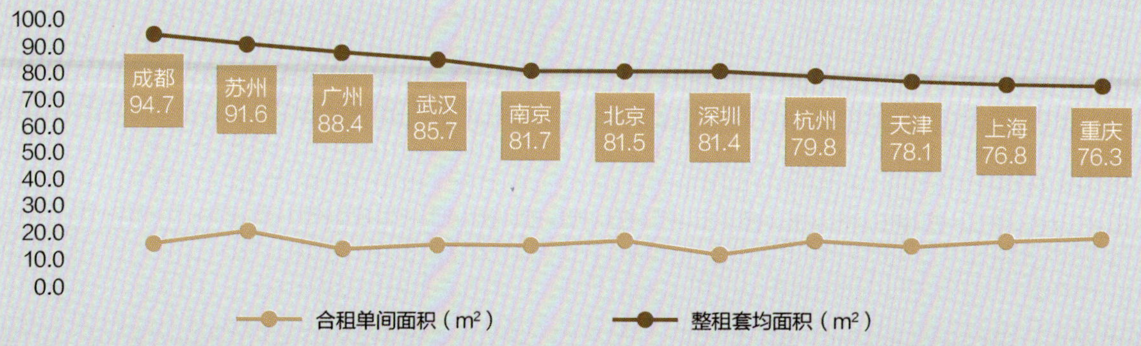

图 3 2019 年主要城市 18—35 岁青年整租套均面积排名

赁住房纳入基础设施 REITs 项目。综合来看，当前时点发布保障性租赁住房相关的政策，可以表明政策“稳增长、调结构”在继续发力。

通过一系列的政策，可以发现，有如下几个细节特征：(1) 多方主体参与：整体上在推动住房保障供应主体从政府为主向政府、企业和社会力量共同参与转变。(2) 多渠道满足土地供应：明确了利用集体经营性建设用地、企事业单位自有闲置土地、产业园区配套用地、非居住存量房屋和新供应国有建设用地五种建设方式相应的土地支持政策，尤其是明确利用非居住存量土地和房屋建设保障性租赁住房。(3) 多路径资金筹措：支持银行业金融机构以市场化方式向保障性租赁住房自持主体提供长期贷款，以及向改建、改造存量房屋形成非自有产权保障性租赁住房的住房租赁企业提供贷款；支持企业发行信用类债券，用于保障性租赁住房建设运

摄影：陈超杰

营；企业持有运营的保障性租赁住房具有持续稳定现金流的，可将物业抵押作为信用增进，发行住房租赁担保债券；商业保险资金按照市场化原则参与保障性租赁住房建设。发改委的文件也明确将保障性租赁住房纳入基础设施 REITs 项目。基础设施领域势必将成为未来中国公募 REITs 落地的发力点。

从企业来看，税收政策、金融工具的指引可以减轻企业开发运营的资金压力，更快做好产品、做实专业、做强服务、做大规模。使得规模化、专业化的运营服务企业能够夯实租赁住房市场的健康发展。另一方面，分流购房需求，高质量的租赁住房资产也能够在一定程度上平衡租赁住房 REITs 所面临的收益率难题，增加市场可供选择的优良金融投资产品，引导市场“热钱”对部分过热投资产业及产品降温。

如果说城市的快速发展期是以 CBD 等核心商务区作为高速经济发展的顶峰；那么城市的平稳发展期就应该以专业化、规模化运营的社区型居住产品按需配置。吸引新市民、青年客群入驻以支撑产业发展，实现经济继续健康平稳。从资金引流到产业发展，从人口流入到人才发展，通过公共政策的合理布局和落地实施，保障经济发展与人才的刚需，才能实现城市发展经济要素的帕累托最优化配置。

作者简介

胡世杰

供职于上海地产住房发展有限公司资产经营部。

上海地产租赁住房社区效果图

PROSPECT OF FUTURE LEASING SUPPLY STRUCTURE AND OPERATION SERVICE

未来租住供给结构与运营服务展望

杨秀超 / 文

租赁住房不断迎来利好政策，让发展的根基变得越加牢固。不过，租赁住房到底往什么方向发展，将最终呈现什么状态，什么时候能实现，还处于一个未知的状态。毕竟，其事关众多人群、改变生活及消费习惯。

不过结合国家政策大方向及租赁住房行业发展规划来看，在中国“十四五”规划及 2035 年远景规划中明确提出要提高人民生活水平指数，提升居住幸福感，建设从投资到促进消费的发展路径，迈向发达国家水平。由此来看，近期出台的一系列控制房价、降低义务教育家庭支出、医疗保障不断加强等政策也就不足为怪，从方向上是非常坚定的。

在房屋租赁上，由之前的长租公寓、人才公寓到现在的租赁住房、15% 自持、保障性租赁住房，政策倾斜不断加码，这对“房住不炒、稳定租金”是极大的刺激。所以，从行业格局来看，发展趋势非常明显。

从政策层面上，逐渐清晰，对房屋租赁的运营管理机构来看，又有什么借鉴和提前布局的方向呢？毕竟，从现有房屋租赁供给结构的运营情况来看均不理想，大家都亟待摆脱困局，在这万亿元级的市场中站稳脚跟。下文将从供给层面上来探讨未来租赁状态及房屋租赁机构的运营服务。

从 2021 年国家出台的《关于加快发展保障性租赁住房的意见》来看，保障性租赁住房主要解决符合条件的新市民、青年人等群体的住房困难问题，以建筑面积不超过 70m^2 的小户型为主，租金低于同地段同品质市场租赁住房租金。来自住建部的消息显示，40 个城市计划 2021 年筹集建设 93 万套保障性租赁住房。由此可以看出，保障性租赁住房将成为新的主题，而保障性租赁住房主要供给对象是以刚步入社会的新青年人及刚组建家庭的新市民为主要对象。而建设的地点主要是确保职住平衡，在园区及产业发展规划中，要有相应的保障性租赁住房的配套，入住人要有一定的先决条件。

由此，在居住供给结构和租金要求上来看，未来的保障性租赁住房将成为刚需入住人群的主流，当前长租公寓市场会进一步受到挤压或长租公寓服务性质将被改编。那这类房源同时给运营服务商提出新的要求。

(1) 租金差的运营模式将成为不可能，租金的比例要与客户收入直接挂钩，租金在收入的占比会受到控制，在保障稳定居住的同时，应保障在消费支出中的水平。

(2) 职住平衡发展将成为租赁住房发展的重点要求，这类房源不一定要地处城市最核心的区域，但是一定是产业、园区、办公的便捷附属服务配套，要提高工作居住的平衡关系。

(3) 从居住面积及服务对象来看，年轻人群体是选择这类住房的主流，作为工作配套，以公司群体承租或区域群体承租现象会明显，将更有利于打造社群文化的概念。

(4) 控制租金，促进消费。要以提升居住品质的服务先行，在提升居住生活配套及居住幸福感上下功夫，由此实现以降低租金、促进消费，提升保障性租赁住房物业价值感才是发展方向。

除保障性租赁住房外，市场化的租赁住房、15% 自持、民宅将是另外一个发展方向。现在谈及的降低租金、稳定居住状态的保障性租赁住房只是面向一部分针对性人群，房源比例也是有限的。从市场经济发展的规律来看，国家调控两个抓手，一个是无形的，一个是有形的。在房屋租赁上同样要坚持市场化，实现市场化的有效运转才是最终的发展方向。从租售比来看，租金回报率太低，随着居民的收入水平提高，房价调整企稳到位，市场化租金将会进一步调整，优质核心区域租金还会进一步提高，整体租金水平还有稳步上涨的空间。这类房屋租赁的人群较为分散，收入水平及居住要求不一。根据客户、地址位置、房屋格局，会存在多种情况交叉，是自如的合租、还是服务式的雅诗阁、或者高品质的整租，都将满足不同群体需求，这是市场将来最重要的主体。从变化状态来看，运营服务有五点应该关注。

城方服务社区 • 市台路店效果图

城方服务社区 • 市台路店效果图

(1) 随着租金稳中有进，租赁政策法规完善，租户业主权益保障政策明晰，长期居住会成为普遍状态，稳定租金涨幅、稳定租期是发展的趋势，改变目前租期一年、随意调整租金的状态。

(2) 服务客户不仅仅是招租和退租，过程中的动态服务才是核心竞争力。产品是静态的，服务是动态的，动态的服务提升客户居住的幸福感。

(3) 租金仅仅是运营的基础保障，通过运营机构的管理服务，提升物业资产价值才是最终的收益方向。REITs 的发行及租赁住房的政策支持，以及税收政策减免的加持，给这方向打开了通道。后续运营服务商和不动产基金的组合，将是一个全新的运营赛道。

(4) 动态服务是核心竞争力，其核心就是看衍生业态的发展如何，保洁、维修、家具租赁、搬家、洗衣、幼儿服务等都是与居住相关的核心要素，如何做好资源整合，实现强强联手是关键，而不是全部自己做。

(5) 房源规模化可以通过平台发展形成核心竞争力，不过单个项目“网红盘”也越发重要，毕竟作为重资产项目，在不动产证券化的不断推动及完善下，单个项目的资产规模十分可观，如何做好单项目重资产发展的能力也是要重点研究的对象。

而这里可以重点提出的是不动产证券化的发展。仅仅采用租金差不符合国家发展期望，如果把不动产增值算入整个运营的收益将是非常可观的，整个投资逻辑也将发生变化，例如如果运营管理的收益处于 8% 左右，这是完全可以覆盖掉不动产证券化的利息支出，但如果把优质的运营管理带来的资产增值考虑在内，如每年带来资产增值 1%，一个 20 亿元的项目带来的收益是 2000 万元，这相对于运营营收来说，将是一笔纯收益大额补充。接下来资本进一步涌入、运营机构越发重要、人才不断加入，与房屋租赁不动产证券化的推进有直接关系。在相对成熟的不动产证券化国家里，这样的房屋租赁证券化案例并不少，如香港的领展、美国的 EQR 都具有代表性。

什么时候房屋租赁证券化才能真正上市，结合房屋租赁的特征，笔者认为房屋租赁 REITs 的发行，还有以下六个问题需要解决。

(1) 税收制度：在税收上主要存在三个方面：一是投资者收益和分红如何收税，二是物业管理中的租金等收入上的税收完善，三是在物业转让中有关物业、土地等的税收问题。虽然房屋租赁税收目前得到了优惠支持，但如何优惠到证券化还有待进一步落地。

(2) 运营管理：优质的运营管理才能实现 REITs 收益最大化，房屋租赁行业也亟须培养出一些头部企业，其在运营、营销、物业管理服务等方面拥有良好的运营能力，由此才能实现房屋租赁物业的稳定租金收益，为房屋租赁 REITs 的健康发展打下基础。

(3) 募集范围：要明确房屋租赁行业可以发行 REITs 的范围包含哪些，同时健全的物业评估方式，解决其在收益分配、政策支持等内容，近期国家出台支持加快租赁住房 REITs 的发展，而这正是要完善的细节内容。

(4) 上市交易：这个与其他不动产一样，目前交易所、证监会等还需要进一步完善 REITs 在产品属性、融资方式、资产管理、期限和退出等。

(5) 房屋租赁政策落实：房屋租赁行业在资产归口上，租赁用地是包含房屋租赁和商业还是分开，停车场和物业管理是否包含在内，包租项目和重资产项目上怎么划分等也需要进一步明确，这部分的房屋租赁行业政策要进一步落实；

(6) 房屋租赁市场发展：目前市面上大部分房屋租赁产品都是包租，租赁住房用地新建的重资产产品仅有少量面世，租赁住房行业还处于起步阶段，拥有优质的房屋租赁运营商和稳定运营的物业才是 REITs 发行的基础，REITs 的发行还需房屋租赁行业进入企稳阶段。

房屋租赁行业经过了多年的发展，目前已经处于一个重要的风口，何去何从，还需要吸引更多的人才加入以及周边关联产业的资源加入，毕竟缺少人才的行业难以振兴，独立发展的产业也是独木难支。

作者简介

杨秀超
上海城方租赁住房运营管理有限公司
项目部营销负责人。

INDEMNIFICATORY LEASING HOUSING ENTERS THE PUBLIC REITS TRACK

保障性租赁住房进入公募 REITs 赛道

朱莉莉 / 文

2021 年 7 月 2 日，国家发改委发布《关于进一步做好基础设施领域不动产投资信托基金（REITs）试点工作的通知》（发改投资（2021）958 号）（以下简称《通知》），明确提出基础设施领域不动产投资信托基金（Real Estate Investment Trusts，REITs) 试点行业中包括保障性租赁住房。与此同时，国务院办公厅也在同一天发布了《关于加快发展保障性租赁住房的意见》（以下简称《意见》）。租赁住房有望开启“新蓝海”，推动行业供给侧结构性改革。

一、公募 REITs 与类 REITs 的区别

不动产投资信托基金（REITs），简单来说就是通过证券化方式将不动产资产或权益转化为流动性较强的标准化金融产品，在证券交易所公开交易。而我国暂时没有标准化 REITs，都是类 REITs 产品，大多为私募发行，投资门槛较高，很多个人投资者无法达标，不能参与。

而公募基金涉及投资者范围广，投资要尽量分散，确保安全，因而比私募基金有更多的限制和要求，比如投资范围，公募基金在投资品种、投资比例上都有严格的限制。

国内试点的基础设施公募 REITs，是指依法向社会投资者公开募集资金形成基金财产，通过基础设施资产支持证券等特殊目的载体持有基础设施项目，由基金管理人等主动管理运营上述基础设施项目，并将产生的绝大部分收益分配给投资者的标准化金融产品。即，公募 REITs 是通过募集众多投资者的资金，用于投资不动产来获得收益的一种金融产品。当前，首批发行的有 9 支基础设施公募 REITs。

此外，基础设施公募 REITs 架构上也与之前发行的类 REITs 有所不同，主要有以下四个特点：一是 80% 以上基金资产投资于基础设施资产支持证券，并持有其全部份额；基金通过基础设施资产支持证券持有基础设施项目公司全部股权；二是基金通过资产支持证券和项目公司等特殊目的载体取得基础设施项目完全所有权或经营权利；三是基金管理人主动运营管理基础设施项目，以获取基础设施项目租金、收费等稳定现金流为主要目的；四是采取封闭式运作，收益分配比例不低于合并后基金年度可供分配金额的 90%。

二、保障性租赁住房纳入试点范围后进行公募 REITs 的项目

首先，保障性租赁住房 REITs 的底层资产池够庞大，可供挑选。单从纯租赁用地项目来看，以上海为例，2021 年上海纯租赁用地项目预计入市近 15 个。随着土地“两集

表 1 首批发行的 9 支基础设施公募 REITs 明细

	类型	基金代码	基金名称	基金公司	封闭期（年）	预计发行规模（亿元）	原始权益人及关联方初始战略配套占比	预计现金流分派率（2021年）
产权类	产业园	50800	华安张江光大园封闭式基础设施证券投资基金	华安基金	20	14.7	20.0%	4.74%
		180101	博时招商蛇口产业园封闭式基础设施证券投资基金	博时基金	50	22.3	32.0%	4.10%
		508027	东吴—苏州工业园区产业园封闭式基础设施证券投资基金	东吴基金	40	33.5	30.0%	4.50%
	仓储物流	508056	中金普洛斯仓储物流封闭式基础设施证券投资基金	中金基金	50	56.18	20.0%	4.45%
		180301	红土创新盐田港仓储物流封闭式基础设施证券投资基金	红土创新基金	36	17.05	20.0%	4.47%
特许经营类	收费公路	508001	浙商证券沪杭甬高速封闭式基础设施证券投资基金	浙商基金	20	41.35	58.95%	12.4%
		180201	平安广州交投广河高速公路封闭式基础设施证券投资基金	平安基金	99	86.74	51.0%	6.19%
	环保设施	508006	富国首创水务封闭式基础设施证券投资基金	富国基金	26	18.36	51.0%	8.74%
		180801	中航首钢生物质封闭式基础设施证券投资基金	中航基金	21	12.49	40.0%	9.13%

资料来源：同策研究院公开资料整理

中”政策的实行，明确重点 22 城住房租赁用地一般不小于 10%，其中北京、厦门和深圳三城明确 2021 年供应比例突破 20%，北京更是接近 40%，未来租赁用地项目将越来越多，为发行租赁住房 REITs 提供了大量可供选择的底层资产。

其次，可以肯定的是，我国已具备一定的发行租赁住房 REITs 的市场基础。自 2017 年首单租赁住房类 REITs 发行以来，我国累计发行租赁住房类 REITs 19 单，发行规模超 200 亿元，租赁住房类 REITs 从架构搭建、专业化运作以及资本属性等方面为租赁住房 REITs 打下了良好的基础，一方面，完善了租赁住房 REITs 架构搭建和管理体系，另一

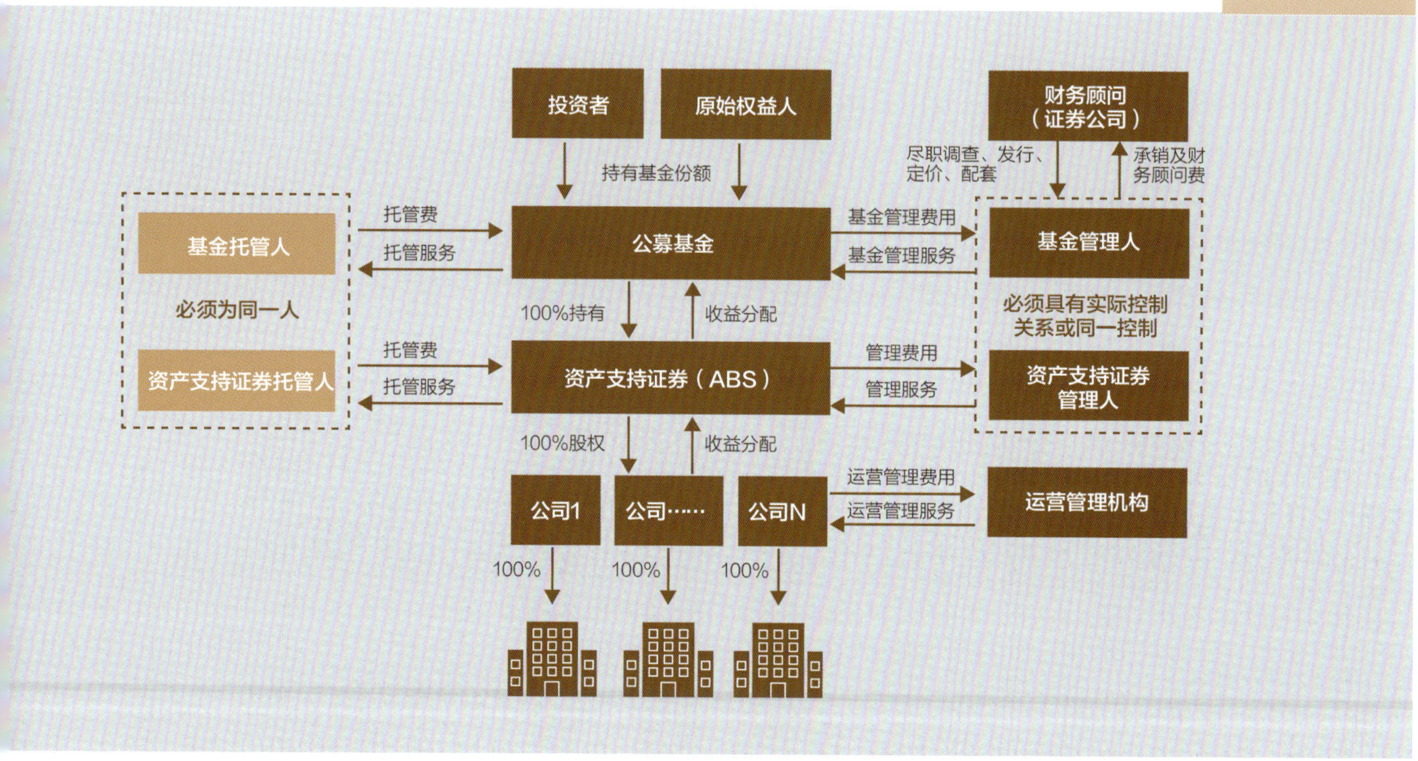

图 1 基础设施公募 REITs 示例图
资料来源：上海证券交易所

方面，培育和吸引了广泛、有效的投资者群体，培育了市场。就发行架构而言，以当前的基础设施公募 REITs 发行架构来看，是在类 REITs、ABS 架构的基础上加了一层证券基金机构。因此租赁住房类 REITs 的市场实践为将来发行住房租赁 REITs 奠定了坚实的基础。

那么未来哪些租赁住房项目可以发行公募 REITs 呢？需要具备哪些条件呢？

根据《通知》附件，基础设施领域不动产投资信托基金（REITs）试点项目申报要求，其中对项目要求有具体条件的重要三点如下。

(1) 基础设施项目权属清晰、资产范围明确，发起人（原始权益人）依法合规直接或间接拥有项目所有权、特许经营权或经营收益权。项目公司依法持有拟发行基础设施 REITs 的底层资产。

(2) 土地使用依法合规。

(3) 基础设施项目成熟稳定：项目运营时间原则上不低于 3 年。对已能够实现长期稳定收益的项目，可适当降低运营年限要求；项目现金流投资回报良好，近 3 年内总体保持盈利或经营性净现金流为正；项目收益持续稳定且来源合理分散，直接或穿透后来源于多个现金流提供方。因商业模式或者经营业态等原因，现金流提供方较少的，重要现金流提供方应当资质优良，财务情况稳健；预计未来 3 年净现金流分派率（预计年度可分配现金流 / 目标不动产评估净值）原则上不低于 4%。

具体到租赁住房行业来看，以重资产模式为例，按照

表 2　五类保障性租赁住房优劣势分析

	优势	劣势
租赁用地类项目	项目权属清晰，土地使用依法合规；租赁用地土地成本相对便宜	当前入市的租赁用地项目经营时间较短，其经营的稳定性暂时不能保证，短期内可能无法进入资产包
竞自持用地类项目	项目权属清晰，土地使用依法合规	本质上，竞自持是通过住宅用地的市场价格获得了自持用地，因而土地成本相对较高，而且这类土地项目可能自身难以形成充足收益率的有效资产
集体建设用地建设类项目	当前市场上以集体建设用地建设保障性租赁住房的项目，运营情况良好，以北京大兴某项目为例，项目总建筑面积30万平方米，预计总投入43.63亿元，收益率保守可达4.8%	项目权属不明确，集体建设用地建设的租赁用房，产权归农村集体所有，经营单位只享用使用权
存量改造类项目	项目权属清晰，土地使用依法合规；投资强度不太高，为租金收益率提供了一定的保障	存量改造管控严格，能进入资产包的项目可能有限
公租房、廉租房项目	项目权属清晰，土地使用依法合规	保障性较强，租金收益较低，可能难以满足发行REITs的基本财务指标

资料来源：《关于加快推动保障性租赁住房 REITs 试点的建议》

土地性质进行划分，可分为以下五类保障性租赁住房：

按照当前公募 REITs 发行条件，对底层资产要求较高，而现有的保障性租赁住房难以平衡保障性、土地权属、收益率和稳定经营等指标。当然，随着《意见》政策的出台，从土地、财税、金融等方面均给予扶持。单就土地来说，对于房企竞自持的保障性租赁住房用地来说，虽然土地成本相对较高，但《意见》从税收、补助资金方面给予了支持，摊到土地成本上，自然会有所降低。因此，客观来看，未来能够进入住房租赁 REITs 底层资产的项目一定是在保障性、土地权属、收益率和稳定经营方面都能达到指标，其中最值得考量的当属稳定经营。

三、美国租赁住房 REITs 发展借鉴

目前，根据 ICCRA 住房租赁产业研究院发布，截至 2020 年年底，中国住房租赁市场的整体市值规模是 2.52 万亿元，预计中国住房租赁 REITs 市场规模将达到 3024 亿元。而美国当前住房租赁 REITs 总市值是 1344 亿美元，市值总量高于中国甚多。那么，我们可以从哪几方面向美国租赁住房 REITs 发展学习借鉴，为未来我国租赁住房 REITs 规模化发展进行铺垫呢？

1. 资产类别

研究美国 REITs 发现，其实美国权益类 REITs 也有基础设施类的，规模占比 16%，其次是公寓类占比 15%，商业

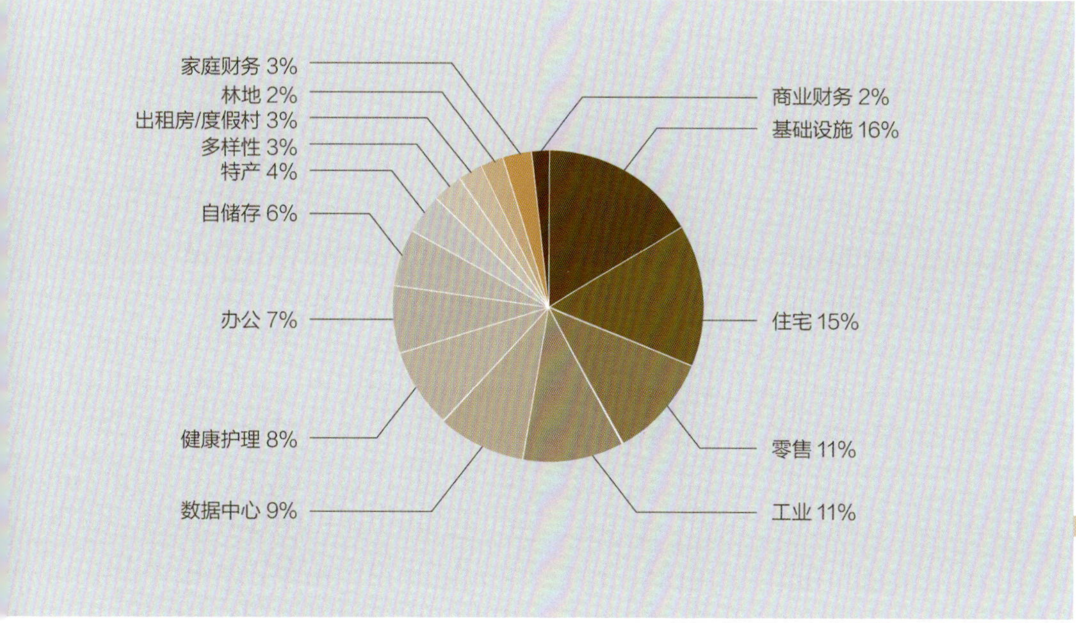

图 2 美国权益类 REITs 种类
资料来源：NAREIT

类占比 11%。

其中细分住房租赁 REITs，有 21 支，其底层资产类别较多，有独栋别墅、公寓、移动房屋社区、房车度假区等。

未来，我国的租赁住房 REITs 的底层资产可以丰富种类，不局限于保障性的租赁住房，可以让更多市场化的、集中式的长租公寓等也可纳入底层资产池。

2. 区域分布

美国前五大租赁公寓 REITs 的资产 8 成以上都分布在核心城市，其中 UDS、ESS100% 的资产都分布在核心城市。以 ESS 公司为例，南加州 22560 家公寓、北加州 19310 家公寓、西雅图大都市区 10217 家公寓 。

未来，我国租赁住房 REITs 的底层资产也大多分布在一二线核心城市。首先，此次《通知》中明确提出保障性租赁住房覆盖范围包括各直辖市及人口净流入大城市；其次，以上海为例，但就纯租赁住房用地来看，截至 2020 年，纯租赁住房用地累计 108 幅，占全国试点城市 43%。因此，未来绝大多数优质的底层资产将来自核心一二线城市。

3. 租金收益

稳定的收益率是美国住房租赁 REITs 长期稳健发展的前提。以美国第一家上市公寓 REITs，EQR 为例，EQR 能常年保持较高且稳定的投资回报率，以 NOI 口径计算的投资回报率，长期稳定在 7% 左右。

当前我国发行的租赁住房类 REITs 发行利率较高，平均可达 5.37%，虽然相较于美国的投资回报率略低，但这也为未来发行真正的住房租赁 REITs 奠定了良好的基础，市场上投资者看好，并且实践过。

未来，租赁住房企业可对标美国公寓企业，提高运营能力，稳定入住率，以提高租金回报率。当前基础设施公募

表 3　美国住宅 / 公寓 REITs 资产明细

公司	资产	规模
AMH	独户房产	52、537栋别墅
UMH	项目权属清晰，土地使用依法合规	3500处空置房产可建成房屋出租及出售，同时还有1800英亩空地可以发展额外7200处房产
INVH	租赁独户住宅	80000处房产出租
SUI	移动房产社区（“MH”）和房产（“RV”）社区	526处已开发的物业，包括277处移动房屋社群，141个房车度假区，34处移动房屋社区和房车度假区综合地，110个码头
ELS	住宅社区、房产旅游地及野营地	超过400个房屋社区和度假区，共计超过165000处资产
CSR(IRET)	公寓	68个公寓社区，包含12168处公寓资产
NXRT	多单元房屋	37处多单元房屋资产，包含14069处公寓资产
MAA	多单元房屋	拥有和运营299个多户公寓社区
IRT	多单元房屋	拥有及运营56处多单元公寓资产，包含15667套单元公寓
CPT	多单元房屋	拥有175处多单元公寓，包含59459套单元公寓
RESI	独栋租住资产	摘牌
ACC	学生公寓	公司拥有158处资产，共计可提供111878处住所
AVB	公寓	拥有或持有近260个公寓社区的权益，共有超过75380套公寓住宅
UDR	房产地产资产	拥有150个房屋社区共计48363套公寓（合并报表），5827套公寓（非合并报表）
AIV	公寓	公司在美国14个洲拥有6342套公寓
BRG	公寓	公司拥有55处房地产的投资，共有16457个单位
ESS	多单元住宅	由246个稳定的公寓社区组成，包括60272套公寓
EQR	公寓	公司投资304套房屋，其中包括77889套公寓
CLPR	多单元住宅及商业资产	公司资产组合包括一系列多元化的物业，如一个500多个豪华阁楼综合体、一个拥有2500多套公寓的社区等

续表

公司	资产	规模
APTS	多单元资产、杂货店为主的零售、办公楼、学生公寓资产	公司在美国13个洲拥有及投资了117处资产
HOM.U	多单元住宅社区	多伦多证券交易所上市

资料来源：NAREIT、各企业年报

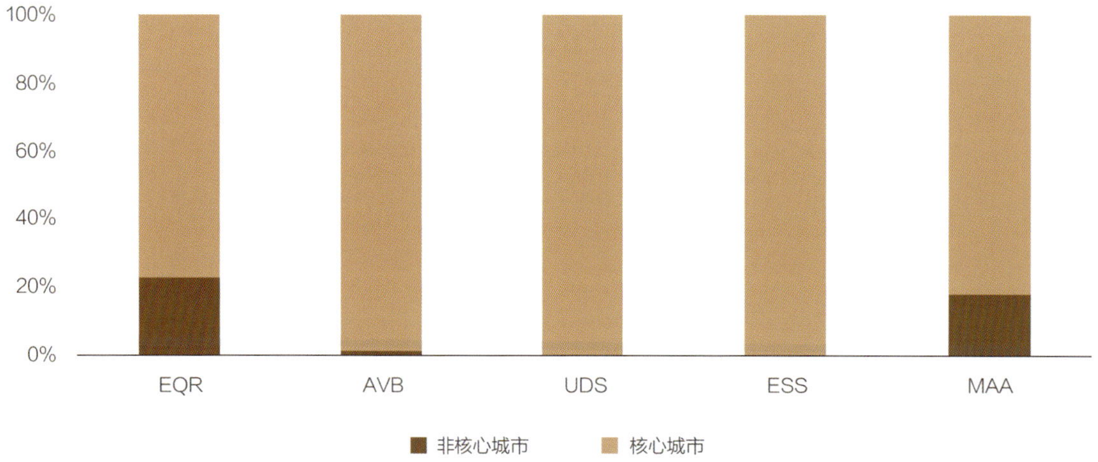

图 3 美国前五大租赁公寓 REITs 的资产分布情况
资料来源：各企业年报

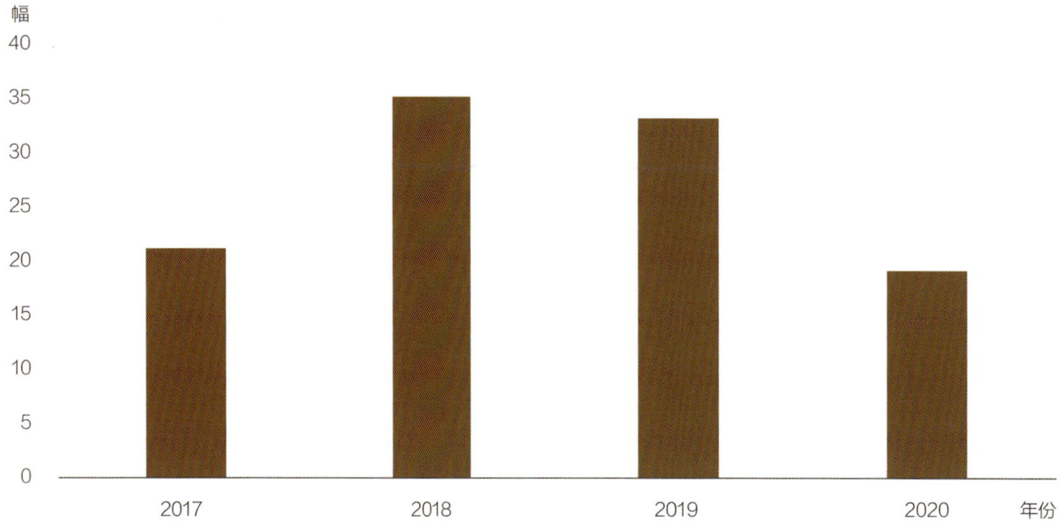

图 4 2017—2020 年上海纯住房租赁用地
资料来源：同策研究院公开资料整理

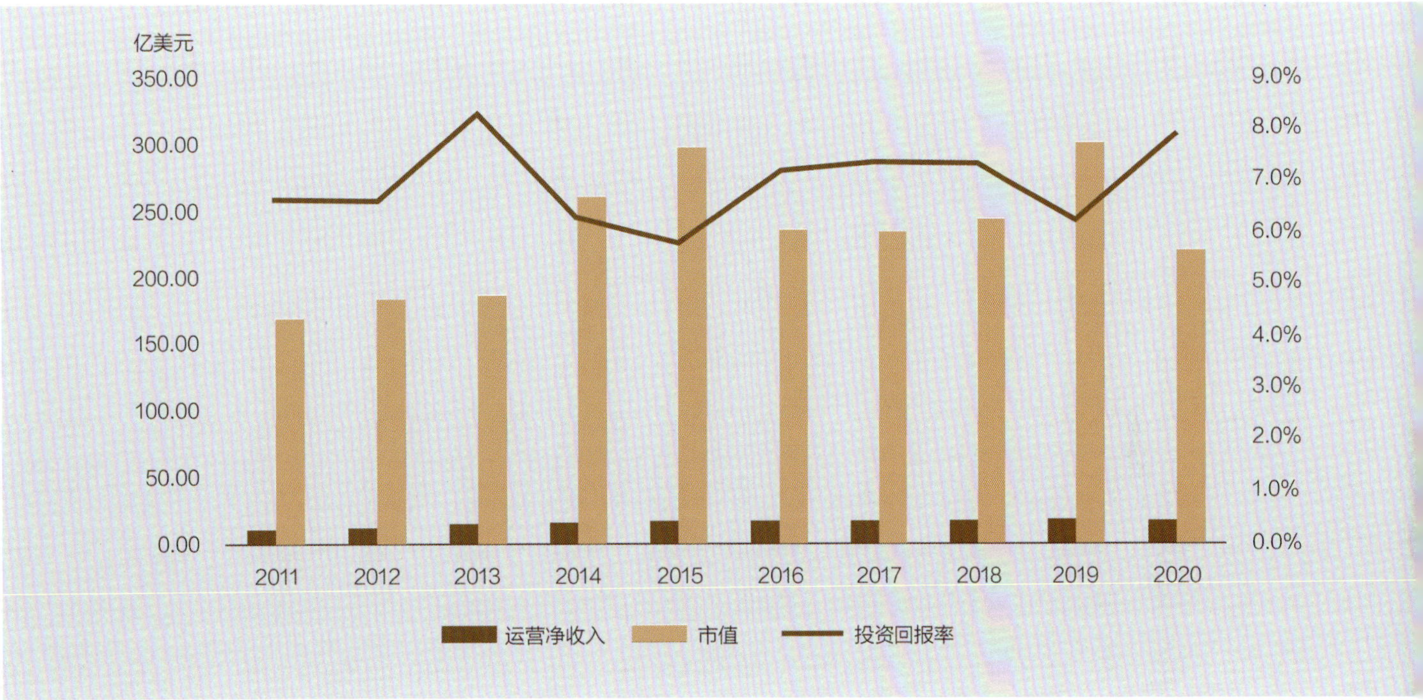

图 5 EQR 的运营净收入、市值、投资回报率
资料来源：EQR 年报

REITs 的财务指标中就有一条是长期收益稳定，因此对租赁住房企业的运营能力提出了更高的要求。

四、展望

保障性租赁住房是房地产长效机制的重要组成部分，在“房住不炒”的政策基调下，将保障性租赁住房纳入公募 REITs，以及明确保障性租赁住房基础制度和支持政策等一系列的政策出台，中长期来看，对住房租赁市场能够起到稳增长、稳预期、稳消费的积极影响。对住房租赁行业而言，既可以从资金端解决住房租赁行业融资成本高、融资难等问题，又可以从资产端有效助力企业盘活存量资产，为住房租赁行业供给侧进行结构性改革。

组成 REITs 的核心要素有资本、资产和运营商。首先，就资产而言，国企作为租赁住房市场的“稳定器”“压舱石”，无论新建还是存量，资产池均较为充足。如上海地产集团，仅租赁住房用地而言，截至 2021 年年中，已累计

表 4 2017—2020 年我国发行住房租赁类 REITs 明细

序号	产品名称	发行规模（亿元）	发行利率
1	新派公寓权益型房托资产支持专项计划	2.7	5.30%
2	中联前海开源—碧桂园租赁住房一号第一期资产支持专项计划	17.17	5.75%
3	中联前海开源—保利地产租赁住房一号第一期资产支持专项计划	17.17	5.50%
4	高和晨曦—中信证券—领昱1号资产支持专项计划	2.5	5.90%
5	中联前海开源—越秀租赁住房一号第一期资产支持专项计划	4.97	5.00%
6	中信证券—泰禾集团慕盛长租公寓1号资产支持专项计划	8.11	7.50%
7	中信证券—阳光城长租公寓1号资产支持专项计划	12.1	6.30%
8	深创投安居集团人才租赁住房第一期资产支持专项计划	31	4.38%
9	中联前海开源—恒大租赁住房一号第一期资产支持专项计划	11.8	7.50%
10	平安汇通—平安不动产朗诗租赁住房1期资产支持专项计划	10.68	4.60%
11	海南省人才租赁住房第一期资产支持专项计划	8.7	4.50%
12	中联前海开源—华发租赁住房一号第一期资产支持专项计划	15.48	5.00%
13	中联前海开源—华侨城租赁住房一号第一期资产支持专项计划	21.5	4.24%
14	中联前海开源—华发租赁住房一号第二期资产支持专项计划	11.29	5.39%
15	平安汇通—平安不动产朗诗租赁住房2期资产支持专项计划	3.26	3.98%
16	中联前海开源—华发租赁住房一号第三期资产支持专项计划	23.07	5.00%

资料来源：CNABS

获得新建租赁住房地块 16 幅，可提供约 1.7 万套租赁住房。其次，是运营商。租赁住房企业是当前政策监管的主要对象，其经营、运营、管理能力参差不齐。而城方作为租赁业务专业化、市场化运作的运营服务公司，具有专业化、智慧化、精细化运营管理能力，具备市场化的经营理念，致力于成为上海保障住房、租赁住房运营管理的领头羊。未来，租赁住房公募 REITs 试点项目或将有城方的一席之地。

作者简介

朱莉莉
同策房产集团·同策研究院研究员。

城方超级社区・华山路店

CREATE A DYNAMIC LIFE AESTHETICS IN THE LEASING COMMUNITY

在租赁社区塑造活力生活美学

陶康毅 / 文

图 1　上海地产租赁住房社区效果图

上海地产集团位于上海市申虹路上的租赁住房项目，位于虹桥商务区核心区，总建面约 3 万 m^2，提供租赁住房 318 套。整个项目汲取全球生态规划住区理念，打造人与自然、人与人之间睦邻友好的生活内容，致力营造多元开放的绿色生态住区。本文通过与设计师的交流，与读者分享该项目整体的艺术设计理念与美学思考。

一、建筑设计的理念初衷

这是一个围合型的租赁住房社区，但是开放性非常强，公共空间非常大，更多的是想要传达出人与人之间的交互交流，外立面设计比较独特，使它能够成为当地的标志性建筑之一。

在上海市申虹路、北翟路地段区域周围，无论是人从旁边走过、汽车的驶过还是飞机上空飞过，都能看到它，它作为区域地标性建筑之一非常显眼，外观的配色也是突出了青春活力，这个社区的面世也为大虹桥区域的人才提供更加安居宜居的生活方式。

在规划设计的时候，有三个国外的建筑受到设计师们的高度关注，分别是奥斯陆・老码头 6 号院住宅、法国巴黎・UNIK 花园式公寓住宅、瑞典・住宅综合体这三个世界级的建筑。

设计师们发现，它们都有着极强的交流社区氛围。公共区域承担着多种功能和活动，丰富的绿色植物空间是社交聚会场合，各个楼梯间的独立聚会场所，也是公寓的公用露台。贯穿的路径容许任何人轻松来往，建筑以邀请的姿态向城市开放。阳台和植物和谐地结合，形成多种空间，结构和用途。多样的功能布局满足了不同年龄层不同生活方式的需求，住户和访客都可以在此交流。

图 2　上海地产租赁住房社区效果图

项目的设计初衷正是为了能给大家提供一个交互空间，汲取全球生态住区规划理念，致力于营造促进邻里关系、多元开放的绿色生态住区。打造人与自然和谐共生、人与人之间睦邻友好的生活内容。我们的人生并不是一座孤岛，与人、与自然的和谐，才会更好地认识自己，认识世界。

二、外观设计

项目位于虹桥商务区北面 2km 左右，针对这个优越的地理位置，在设计时做了两个动作，一是在面对北翟路高架的墙面设计成富有活力、年轻化的表现形式；二是对着商业区的那一面，用淡黄色的色彩，给每一位走过路过的行人视觉上的冲击。年轻化的建筑规划，重点在于展现出青春活力的气息，也希望这种富有活力的表现形式能给大家带来全新的生活体验。

图 3　上海地产租赁住房社区效果图

图 4　上海地产租赁住房社区效果图

图 5 上海地产租赁住房社区实景

三、公区设计

项目作为围合式的租赁住房社区，出发点首先是遵循租赁住房的设计理念，希望年轻人在围合式的建筑里，能够有你看我、我看你的互动和交流。

在公区规划中体现交流互动最重要，走廊设计得较为宽敞，并做了一定的开放式景观平台，包括中心花园，整个设计理念就是想给年轻人提供一个足够的交流空间。

一楼有大面积的架空层，设计成为一个灵活的空间，可以用来开展各类社群娱乐文化活动，也可以打造成共享办公、茶息室、休闲书吧或者周末文化市集等。伴随社区的稳定运营，这些区域功能都可以和租户们共同创造，共建这个温馨社区。

特设的交互公区设计，给大家全新的街区交流空间，社区自带商业配套齐全，构建生活服务“生态圈”，既能相互交流，又能满足生活所需。

图 6 上海地产租赁住房社区效果图

图 7 上海地产租赁住房社区实景

四、景观设计

项目景观设计包括三大部分。

第一部分是商业配套景观，完全敞开，大家可以共享。

第二部分是建筑体的中庭和景观平台，除了采光充足的设计，还注重邻里交流互动，平时使用的状态可以是读书交流区，也可以在此看夏日露天电影，相信未来租户在此生活之后，一定也会开发出更多的功能，让租住生活变得更加丰富多彩。

第三部分是北面的花园，希望能够多些绿地，多些四季红花绿草，让大家能在这个半开放式社区享受更多生活的乐趣。社区强调绿化对于社区生活的重要性，整个社区绿化率达到 35%，在这里居住，可真正感受花园社区带来的生活品质的提升。

五、户型设计

四个户型是专为年轻人/家庭设计，更多关注私人空间的重要性，空间布局及功能充分考虑了年轻一代对于生活品质的追求，多样化的面积户型满足不同群体的租住选择。

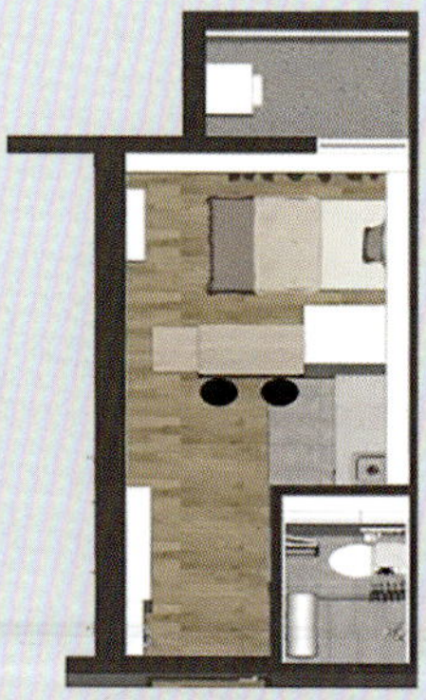

户型 A：一居室
· 小面积品质一居室，租金合理；
· 无烟厨房、星空露台满足生活想象；
· 户外公共社交区域为生活的品质加分

户型 C：二居室
· 新生家庭 | 闺蜜同事合租随心选择；
· 双阳台户型，一个装生活，一个装白日梦；
· 大面积客厅，亲子互动、好友聚会皆可

户型 B：一居室
· 大面积一居室，二人世界也惬意；
· 舒适的室内环境，尽情打造专属小天地；
· 宽敞舒适的阳台，看书、听音乐、看风景

户型 D：二居室
· 性价比两居室，同样满足多种家庭组合；
· 多重可变空间，自主设计生活乐趣；
· 双阳台明厨户型，一面风景一面生活

图 8 上海地产租赁住房社区户型图

图 9 上海地产租赁住房社区样板房

作者简介

陶康毅
曾就职于上海城方租赁住房运营管理有限公司。

THE NEW LIFE OF THE FUTURE COMMUNITY COMBINING DEMOLITION AND RECONSTRUCTION-GUASHAN FUTURE COMMUNITY

拆改结合型未来社区的新生活——瓜山未来社区

蓝健玮 / 文

随着城市的快速发展，租房问题在经历了从私人房东手中租房，逐渐过渡到向有一定规模的二房东租房，从传统的居住小区分散式租赁，到单体酒店式公寓的集中式公寓，再到目前规模更为庞大的集中式租住小区。租房方式变化势必带给租房群体生活的变化，企业如何在行业不断的发展中占得先机，如何推动手上的资源与未来生活接轨，如何盘活手中的资产不断增值，一直是企业乃至行业发展的动力。在充分的市场竞争和城市竞争中，如何留住人才也是未来城市发展面临的重大思考点。在国家“十四五”规划中，进一步强调禁止大拆大建，确保城市有机更新，用行政手段控制房价的野蛮增长，鼓励人才房、廉租房、自持房等多种措施，确保降低人才居住成本，开发商也需要从过去的赚大钱、快钱转变成赚小钱、慢钱的经营方式，在微利可持续的发展方向上，从开发过渡到运营。

杭州瓜山未来社区为浙江省第一批未来社区试点之一，主体为城中村改造保留区块农居整治部分，用地面积45.26 公顷，原始房屋总建筑面积约 27 万 m^2。通过拆改结合手法，在保留全部 270 栋农居房不拆除的基础上，打造成具有强烈归属感的企业人才配套租住区，青年人才向往的创新创业生活区，实现全国城中村改造样板和浙江省未来社区示范区。

一、项目基本情况

瓜山未来社区位于杭州市拱墅区上塘街道瓜山村，270 栋四层楼划分为 4 个片区，原建筑为 20 世纪 90 年代村集体统建楼，全村共涉及 539 户村民，在经过政府统筹，企业运营的拆开结合开发模式后，目前已经打造成涵盖 8300 间房的长租公寓模块、1 万 m^2 的联合办公模块、4 万 m^2 的社区商业模块，以及 254 间房的短租民宿模块的综合性居住小区。

图 1 改造后外立面实景

二、项目运营思路

瓜山未来社区从经营本质上来看，是通过租金剪刀差来实现社区的资金平衡，确保正常的运转，而大规模的居住社区在物业运营、社区建设、客户黏性和未来发展思路上均有别于传统的居住小区，未来适应目标客户群体，吸引目标人群到访签约，必须针对营销手段和运营思路上进行突破，打破思想壁垒，实现社区的正常运转。

图 2 改造后鸟瞰效果图

1. 改变传统物业的运营思路

在传统居住社区中，通常由开发商负责建设，项目建成交付后，交由

图 3 手绘导览图

业委会和物业公司统一管理。在经营逻辑中，物业公司提供基础服务，社区居民为基础服务支出物业服务费，物业公司在经营流程中，核心经营目标就是收取物业费来支撑物业服务的正常运转，一旦发生部分业主因故不支付物业费，就会造成物业公司无法正常运转，从而降低服务质量，引发其他业主效仿拒不支付物业费，直接导致恶性循环。而在大型租赁社区中，如果还是用传统物业运营思路，势必无法适应未来的发展。在经营性租赁社区中，为适应发展，打造零物业费的概念，物业将会转变成不再是为租户直接服务的机构，而是运营方为达到经营目标自行购买的服务，并由运营方对其进行指挥管理。为了确保在一定房租的基础上，实现较高的出租率，除了打造优质的建筑和社区环境，软性的物业服务在对外扩展客户、行业内知名度和租户群体中的口碑成为最重要的一环，在面对新时期租户年龄年轻化、网络化的趋势下，如果运营方一味地压低服务品质，造成网络上评价分数的下降，势必对实现资金平衡造成了很大的困难，所以传统小区固定的物业费和固定的服务模式，在租赁型社区中无法继续。社区为实现经营目标，需要对物业费用进行动态管理，通过对网络评分、内部投诉等多维度的考量，结合出租率完成情况，提供合适的物业服务内容，动态配置保安、保洁、维修人员结构，用房租价格和出租率结果导向来配置合理的人员结构，既能确保物业公司人员编制的合理，又能实现企业追求高利润提供更好的服务，同时提高租住人员的满意度，实现三方共赢。

2. 增加 15 分钟生活圈概念

随着城市化进程的不断进展，在城市中居住生活所遇到的问题也随之增多，交通拥挤、住房紧张、环境污染、秩序混乱，配套不足等城市病一直是困扰城市发展的痛点，归根结底还是城市配套工程建设无法追上城市住宅摊大饼式扩

图 4 星空广场航拍

张速度。瓜山未来社区并不处于城市发展的核心地段，同时也不是出行通达的地铁沿线，而我们要面临的问题，是如何解决 8300 间房、约 1.2 万人的人口导入问题。破解难题的思路，就是运用“人民城市人民建，人民城市为人民”的理念植入社区生活，打造自成一体的“15 分钟生活圈”。有别于传统社区，瓜山未来社区为实现经营目标和客群导入，必须考虑 1.2 万人的生活问题，围绕“学有所教，劳有所得，病有所医，老有所养，住有所居”，打造以长租公寓为主，配以短租民宿、联合办公和社区商业四大模块以及租售同权学校、阳光老人家等配套工程，成为自己的黄金地段。

为实现这一目标，瓜山未来社区拿出部分楼宇进行改造，由传统居住社区，通过内部装修改造，在社区中心位置改造出 1 万 m^2 联合办公空间和 4 万 m^2 社区配套商业，同时打通各模块之间的壁垒，用技术手段实现模块联动。通过运营方的组织定期举办各类集市，鼓励和扶持社区租户在集市中摆摊，用孵化器的概念吸引租户在集市中发现商机，并针对集市客流中的消费习惯，定向培育自身发展，实现在社区商业和办公中进行创业租赁，并通过联动机制招聘社区租户，实现产业升级。在未来社区中，创业者既是租户，同时又对社区提供了就业岗位，并且又在社区中租赁商铺让社区运营方产生收益。部分小微企业也可通过低成本联合办公模块，对社区租户定向招聘，减少通勤时间变相增加员工幸福感，多

图 5 剧本杀联谊会

图 6 插花活动

方共赢，最终实现社区“宜居、宜业、宜游、宜学、宜养”各要素。

3. 打造未来邻里生活

在传统社区中，邻里生活是一个社区幸福感提升的必要因素，而互联网经济时代，尤其是漫画、小说、游戏所带来的“宅”文化，对年轻群体生活方式的冲击和生活习惯的改变尤其严重，“宅”文化把年轻群体贴上了抑郁、孤僻、不善沟通、缺乏运动的贬义标签，对未来人才发展和社区发展极为不利。在租赁社区中，“宅”文化也会带来另一种隐形的冲击，即社区内见不到人流量导致社区商业无法落地，商铺无法获取价值最大化导致运营商缺乏资金，进而影响到由社区运营商购买的物业服务，提供的管家服务质量，形成运营的恶性循环，所以如何吸引年轻人参与社区生活，就是未来租赁型社区的发展急需解决的难题。

为了破解这一难题，同时把社区其他联办、商业资源协同运用，组织社区活动就成了一个必选项。瓜山未来社区为了破解这一难题，选择了从自身管理端出发。首先，为了解决年龄差带来的活动参与度问题，社区管理人员人力结构采用大量的年轻管家，用年轻人的视角进行适合年轻人认知的运营管理、策划和活动组织，定期开展不同规模的各类活动，明确活动的目标是确保真实的参与度，通过运营方出资培育活动参与人员的兴趣，后期通过定向招商的商铺提供更专业的活动组织，例如剧本杀、篮球馆、书店、培训机构、宠物店等等，并且对 8300 间房在招租时进行兴趣划分的组团居住模式，打造小型 IP 的概念，吸引社区租户参与未来社区的生活中，通过各类活动结交朋友、增加客户黏性，扩大朋友圈宣传规模实现客户增长，最终继续形成一个租户、商家、运营方多方共赢的模式。

图 7 组团邻里中心瑜伽房

图 8 组团邻里中心宠物攀爬架

4. 九大场景相互融合

浙江省在 2019 年提出的“未来社区”概念，核心思想是实现人民对美好生活的向往，并指导定义了“三化九场景”。针对集中式租赁社区，所有场景的建设都可归为目标导向，即企业的盈利。在长租公寓的经营模型中，房租和出租率作为核心指标，永远是指导企业发展的风向标。为实现利润，在公寓市场脱颖而出，所有可能提高房租和出租率的手段，都是企业所要考虑的要素，对于租房而言，在地段性上突破房租上限的天花板，区别于传统散租模式的居住小区，九大场景就是企业重要的发力点。邻里、教育、健康、创业、建筑、低碳、交通、服务、治理这九大场景，对于社区品质的提升均有积极的一面。在调研大量的出租房现状后，为什么不同地段不同小区的租金会有差异，可以把要素总结为以下方面。

(1) 小区配套用房可提供的活动空间充足；

(2) 小区周边的学校、医院、商业资源丰富；

(3) 小区紧邻上班地点；

(4) 小区建筑外立面、景观、房型美观且合理；

(5) 交通便捷、车位充足；

(6) 优质的小区物业管理。

而针对特定的小区，如何在区位已经确定的情况下提升租金水平，就需要对上述所说的六个点进行优化。在旧改类社区立项中，需要明确一点即如果需要实现未来社区的概念，必须有一定的活动场地、必要的配套用房来突破小区位置以及原始规划的限制，用自营造的手法，合理规划新建公区，围绕公区展开九大场景的建设和融合。同时避免走入为造而造的误区，利用新造的公区，提供未来邻里场景的活动场地和圈子文化的集结地，并用增值服务的概念，对外经营解决建设资金的出处，同时将公区打造成娱乐、运动、文化等人民对美好生活向往的空间，利用楼宇之间的空地新建地下停车场或地面立体车库解决停车问

图 9 啤酒节活动

图 10 集市活动

题。在上述硬件设施到位后，通过有效的管理，将各类资源进行盘活，实现居住到生活、生活到创业、创业到居住的闭环。

另外通过对社区九大场景的优化和运用，突破传统一家一户资源的浪费，进行必要的建筑整改。例如更换外窗进行节能改造，采用集中式热水代替传统一家一户的热水器节约能源，增加太阳能、空气能设备减少能耗支出，既能降低租户居住成本，又能减少企业公共能耗支出。最终不仅实现九大场景刚性要求，又能切实使企业提高收入降低支出。

5. 数字化的运用

在未来生活中，尤其是管理以青年人才为主的社区中，数字化是一项绕不开的课题，同时在管理端，数字化带来的模块联动、管理分析、数据运用等又是面向未来企业发展的必选题。传统公寓项目，通常人房比在 1：80 ~ 1：50，而面对集中式公寓社区，人房比所带来的管理成本压力又是必须要解决的一项内容。瓜山未来社区运用独立开发的 App，根据诗友性格、兴趣、职业等匹配分析，提供一站式的智能化入住体验，实现无人化选房、签约、入住，解放前台管家的机械化服务内容，释放管理潜力至需要人员交互的运维场景中去，同时实现了 App 的高激活率。并结合 App，打造集政务服务、休闲服务、生活服务于一体的 O2O 智慧社区平台。建立便民惠民社区商业服务圈，提供基本生活服务功能全覆盖，实现 App 内下单、送货上门的社区内智能购物。最大化地提高 App 使用率，以便实现各运营场景的联动，并通过大数据进行政企之间的数据互通，用脱敏后的有效数据进行分析，不仅指导运营方提高管理效率，进行精准营销动作，又能解决政府部门对社区的数据采集和运用。例如通过数据库对比，指导社区内失业人群进行招聘信息的精准帮扶。在运营管理端，通过各类数据的采集，打造活力指数评价体系，对社区工作人员的服务工作进行科学量化，提高管理质量，进而提高租户满意度，正向实现满

图 11 组团邻里中心活动区

意度即利润的企业价值观，并且不断适应租户群体价值观、生活观的变化，从而实现盈利模型的可秩序发展。

三、为未来城市更新的探索

在城市更新中，尤其是大型租赁型社区式的旧改模式，解决城中村改造的资金难题，解决区域内创业人才居住难题，解决区域环境面貌的痛点难点，解决原住民的获得感问题，解决城中村综合整治可持续发展难题，必然是未来旧有小区改造发展的出发点。如何让社会资本进入实现资金平衡，如果运用管理实现资产的保值增值，都是未来城市综合运营商需要面对的话题。随着瓜山未来社区项目的运营落地，各方均探索出一条新路。居民通过房屋交给运营方进行出租获得租金收益；政府通过企业运营实现人才导入、居住的难题，减轻社区街道工作的压力，利用大型租赁社区和传统小区的跷跷板效应稳定房租，以及城中村城市面貌更新及解决可持续发展的难题；租户通过未来社区提高对城市的认同感和生活的幸福感，并有效降低房租支出，确保人才导入的稳定性；运营企业通过运营实现利润的获取和可持续的发展，周边企业通过大型租赁社区解决企业员工住房稳定性和员工业余生活的丰富性，确保留住人才。用多方共赢的模式，最终实现共同富裕。

作者简介

蓝健玮
上海朗诗寓商业管理有限公司瓜山未来社区总经理。

HOW DO WE LIVE TOGETHER
我们如何共同居住

唐康硕 张淼 / 文

青年公寓作为近几年来新出现的空间类型，提倡集约化利用个体空间、共享地使用社区集体空间。本文介绍了MAT超级建筑事务所完成的两个青年公寓案例，提出了“超级巴比伦”的集合社区构想，希望能够给出一种建筑提案，将大的社区公共空间和小的共享生活空间进行有机结合。

一、青年公寓和共享空间

随着城市化进程的进一步发展，大量青年人口涌入城市这一现象仍然会长期存在。《中国流动人口发展报告2018》中指出，我国流动人口规模正在进入调整期，政府各级民生管理部门在逐步放开进城政策的同时，正积极推进流动人口市民化进程。然而，如何在市民化过程中公平合理分配社会资源一直以来都是急需解决的问题，于是，在互联网时代背景下，基于共享理念所产生的共享居住社区、共享工作空间、共享生活服务等概念遍地开花，处于闲置状态的社会资源通过共享模式的转化来提高资源的使用效率。因此，青年公寓是当今这一时代诉求的产物，也是当城市从生产转向为消费和服务时，对过剩、存量资源一种有效转化的呈现，如今的青年群体既是这种共享潮流的创造者，也是使用者。

从《共享空间的评估模型》中，我们可以得知，共享模式与群体的数量和空间的所有权有直接的关系，因此我们对“共享居住”的概念有了更深层次的定义：“共享居住”是指人们在保持个人基本的私密生活空间的同时，把生活需求中相对公共的部分贡献出来和室友、邻居共同分享使用。这种空间的共享有时候是主动的分享，有时候是因为社区类型和规划布局而带来的天然属性。

对于居住社区而言，空间尺度和居住规模的变化会带来生活方式和共享方式的不同，比如日本名古屋的共享公寓LT城西，307m^{2}的建筑中容纳了13间独立卧室，大家共同围绕底层和挑空层的厨房、餐厅、客厅等公共区域一起生活；又如日本建筑师仲俊治在东京某生活街区里设计的一栋带食堂的住宅，沿街的底层空间开放给周围街道的邻居们作为共同就餐的空间，促进邻里关系的和谐共处。因为人口密度和社区大小不同，我国的共享型青年公寓往往都是较大规模，几十、上百间公寓围绕着共同的入口大厅形成一个社区空间。所以共享生活的方式和内容必然会和日本的小型社区有较大不同，从而也会影响这一类青年公寓的空间形态，下文将分别通过事务所完成的两个青年公寓项目来阐述。

图 1 LT 城西，共享公寓（成濑猪熊设计）

图 2 带有食堂的公寓（仲俊治设计）

二、青年公寓案例实践

1. 北京邦舍青年路公寓

邦舍青年路公寓是一个有 300 多间公寓单元组成的青年居住社区，是由一个闲置的办公楼改造而成。设计策略在保证每一套公寓内部有完整的起居、卧室、厨房和卫生间等基本生活单元之后，将所有的公共使用空间单元都环绕着中庭空间产生，通过植入咖啡厅、书吧、休闲空间等一系列内容形成一个天光下的室外化活动场所。上方的公寓单元通过一个外阳台的界面和中庭空间连接，这层界面在体验上分离了私密的居住空间和共享的中庭空间，也因为其强烈的韵律

图 3 北京邦舍公寓中庭空间

形式给该公寓增加了一个有集体属性的精神空间。

2. 烟台春晖路泊寓

在烟台的青年公寓项目中，我们希望能够契合当地的城市气质，赋予该海滨城市青年公寓以独特建筑空间调性，塑造符合当下青年生活方式的共享居住社区。该公寓有近 100 间公寓单元，是由一个小型厂区建筑群改建而来。设计上通过调整交通动线将原有分离的建筑进行连接，并产生内外两个方向的立面和两个动静不同的院子。设计中使用彩色、艺术化的方格子墙面作为整个公寓对外的展示立面，而又通过一层半透明的玻璃砖墙面形成了安静的内向型庭院，使首层完全开放的入口空间和公共客厅形成了良好的空间背景。同

图 4 北京邦舍公寓咖啡吧

图 5　烟台春晖路泊寓外观实景

时，共享厨房、公共餐厅、洗衣健身等半私密性的生活空间被设置在屋顶露台，因此能够更好地被社区租户使用。

此类青年公寓作为一种高度集成化的建筑空间，通过集约化地利用个体单元来释放出空间资源，为社区成员共同使用。这种空间产品模式，一方面提高了物理空间利用效率，另一方面有利于社群的线下交往。在公共空间体验的营造之外，居住空间作

图 6　烟台春晖路泊寓内向性庭院

图 7 超级巴比伦——居住模块

为建筑的核心功能，其设计重点在于针对个体居住单元的私密性、独立性和个性化需求的回应。

三、超级巴比伦

基于上述的思考，我们希望能够将大的社区公共空间和小的共享生活空间进行有机结合，从而提出了“超级巴比伦”的集合社区构想，同时，“超级巴比伦”也是针对大城市中的年轻人群体所作的共享居住空间提案。

半个世纪之前，荷兰情境主义者康斯坦特曾经创作过一个漂浮的网状城市巨构——新巴比伦，这个宏伟的建筑通过支柱与地面固定，所有居住、消费、娱乐以及工业生产的空间被架高至空中，留出地面作为交通和公共集会使用。康斯坦特畅想的新巴比伦是人类未来的共同居所，充满不确定性与可移动性，它在城市中创造了一个自由漂移的游牧生活和另一种社会体验。如今在中国，每年有数百万年轻人涌入大城市，高昂的房价和租金导致了相当一部分人长期“游牧”于城市中的一个又一个居住地。人们对美好生活的追求和对社区归属的渴望直接影响了青年公寓近年来的发展，在完成了若干公寓类型的项目之后，我们希望提出一个真正意义上的共享社区，它不仅能够提供共享居住模式的必要条件，也同时在空间呈现上映射出共享单元的社会结构和连接关系。

“超级巴比伦”里的一个基本单元约为 9 m^2，包含最必要的生活元素，例如床、书桌、衣柜和置入式卫生间，这个私密的个人空间可以容纳一个人或者一对夫妇的基本居住需求；4 ~ 5 个基本单元围绕着共享生活空间形成了每一个家，家空间是上下两层的共享区域，局部挑空，作为共同使用的厨房、餐厅、工作区和生活区，此外，每个家空间还从生活区延展出一个共用的室外露台，作为家的院子；其后，每 4 ~ 5

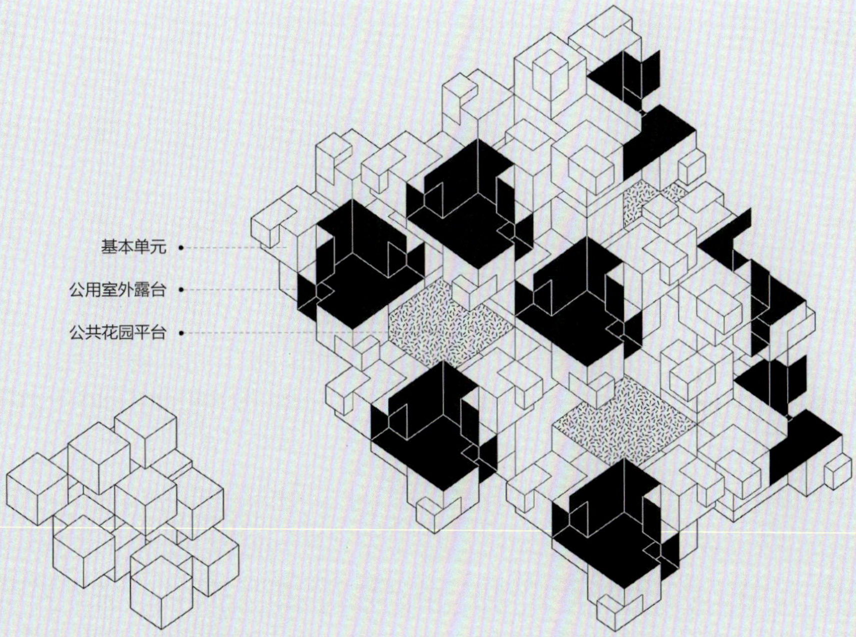

图 8　超级巴比伦——三级空间

图 9　超级巴比伦——生长逻辑

图 10 超级巴比伦底层广场

个高低错落的家又在空间上形成了一个更大的居住集合，这个集合的中心是一个公共的花园平台，台阶和坡道将不同高度的公共平台连接起来；若干个居住集合又共同形成了居住建筑和社区，社区的空中部分主要作为居住使用，而底部空间开放给城市，作为集会、商业、运动和休闲功能使用。

“超级巴比伦”的空间结构逻辑恰恰是社会结构关系的逆向生成。我们通过对一个立方体空间的角部干预确定了分型的生长原则，在角部形态三级细分裂变的过程中带来了居住集合、家空间和基本单元这三种递进尺度的空间，裂变的过程就好像一朵朵不断绽放的花儿，从而完成了从公共—共享—私密的空间和社会关系转化。

图 11 超级巴比伦中央山谷

图 12　超级巴比伦共享平台

“超级巴比伦”描绘了一个共享社区的社会形态图景，它来自人们日益增长的对个体自由的渴望，以及与其紧密相关的社会和集体的需求。“超级巴比伦”中包含了四个不同的空间和社会关系：个人化的基本单元、小范围共享的家空间、居住集合中的公共空间和集体化的社区建筑，这四种空间也将“个人化”和“集体化”中曾经的二元对立状态打破，从而能够为大城市中的年轻人群体塑造一个真正的共享居住社区。

参考文献：

〔1〕 国家卫生健康委员会 . 中国流动人口发展报告 2018. 中国人口出版社，2019.

〔2〕 马丽，黄凌露，沈依文 . 共享潮流重塑青年人的日常生活空间 . 中国艺术，2019(02).

作者简介

唐康硕

MAT 超级建筑事务所主持建筑师；

张　淼

MAT 超级建筑事务所主持建筑师。

图书在版编目（CIP）数据

生活形态变革 / 上海城方租赁住房运营管理有限公司主编 . -- 上海 : 同济大学出版社 , 2021.12
（新时代租住）
ISBN 978-7-5765-0091-2

Ⅰ . ①生 … Ⅱ . ①上… Ⅲ . ①租房 - 住宅市场 - 研究 - 中国 Ⅳ . ① F299.233.57

中国版本图书馆 CIP 数据核字 (2022) 第 003696 号

新时代租住 04
生活形态变革

上海城方租赁住房运营管理有限公司 主编

责任编辑　由爱华
责任校对　徐春莲
装帧设计　吴雪颖
出版发行　同济大学出版社 www.tongjipress.com.cn
（地址：上海市四平路 1239 号　邮编：200092　电话： 021-65985622）
经　　销　全国各地新华书店
印　　刷　上海安枫印务有限公司
开　　本　889mm×1194mm　1/16
印　　张　5.5
字　　数　176 000
版　　次　2021 年 12 月第 1 版　2021 年 12 月第 1 次印刷
书　　号　ISBN 978-7-5765-0091-2
定　　价　55.00 元